U0639399

轻与重
FESTINA LENTE

姜丹丹 何乏笔（Fabian Heubel）主编

苏格拉底

[德] 君特·费格尔 著　杨 光 译

Günter Figal

Sokrates

华东师范大学出版社

华东师范大学出版社六点分社　策划

主 编 的 话

1

　　时下距京师同文馆设立推动西学东渐之兴起已有一百五十载。百余年来，尤其是近三十年，西学移译林林总总，汗牛充栋，累积了一代又一代中国学人从西方寻找出路的理想，以至当下中国人提出问题、关注问题、思考问题的进路和理路深受各种各样的西学所规定，而由此引发的新问题也往往被归咎于西方的影响。处在21世纪中西文化交流的新情境里，如何在译介西学时作出新的选择，又如何以新的思想姿态回应，成为我们必须重新思考的一个严峻问题。

2

自晚清以来，中国一代又一代知识分子一直面临着现代性的冲击所带来的种种尖锐的提问：传统是否构成现代化进程的障碍？在中西古今的碰撞与磨合中，重构中华文化的身份与主体性如何得以实现？"五四"新文化运动带来的"中西、古今"的对立倾向能否彻底扭转？在历经沧桑之后，当下的中国经济崛起，如何重新激发中华文化生生不息的活力？在对现代性的批判与反思中，当代西方文明形态的理想模式一再经历祛魅，西方对中国的意义已然发生结构性的改变。但问题是：以何种态度应答这一改变？

中华文化的复兴，召唤对新时代所提出的精神挑战的深刻自觉，与此同时，也需要在更广阔、更细致的层面上展开文化的互动，在更深入、更充盈的跨文化思考中重建经典，既包括对古典的历史文化资源的梳理与考察，也包含对已成为古典的"现代经典"的体认与奠定。

面对种种历史危机与社会转型，欧洲学人选择一次又一次地重新解读欧洲的经典，既谦卑地尊重历史文化的真理内涵，又有抱负地重新连结文明的精神巨链，从当代问题出发，进行批判性重建。这种重新出发和叩问的勇气，值得借鉴。

3

一只螃蟹，一只蝴蝶，铸型了古罗马皇帝奥古斯都的一枚金币图案，象征一个明君应具备的双重品质，演绎了奥古斯都的座右铭："FESTINA LENTE"（慢慢地，快进）。我们化用为"轻与重"文丛的图标，旨在传递这种悠远的隐喻：轻与重，或曰：快与慢。

轻，则快，隐喻思想灵动自由；重，则慢，象征诗意栖息大地。蝴蝶之轻灵，宛如对思想芬芳的追逐，朝圣"空气的神灵"；螃蟹之沉稳，恰似对文化土壤的立足，依托"土地的重量"。

在文艺复兴时期的人文主义那里，这种悖论演绎出一种智慧：审慎的精神与平衡的探求。思想的表达和传播，快者，易乱；慢者，易坠。故既要审慎，又求平衡。在此，可这样领会：该快时当快，坚守一种持续不断的开拓与创造；该慢时宜慢，保有一份不可或缺的耐心沉潜与深耕。用不逃避重负的态度面向传统耕耘与劳作，期待思想的轻盈转化与超越。

4

"轻与重"文丛，特别注重选择在欧洲（德法尤甚）与主流思想形态相平行的一种称作 essai（随笔）的文本。Essai 的词源有"平衡"（exagium）的涵义，也与考量、检验（examen）的精细联结在一起，且隐含"尝试"的意味。

这种文本孕育出的思想表达形态，承袭了从蒙田、帕斯卡尔到卢梭、尼采的传统，在 20 世纪，经过从本雅明到阿多诺，从柏格森到萨特、罗兰·巴特、福柯等诸位思想大师的传承，发展为一种富有活力的知性实践，形成一种求索和传达真理的风格。Essai，远不只是一种书写的风格，也成为一种思考与存在的方式。既体现思索个体的主体性与节奏，又承载历史文化的积淀与转化，融思辨与感触、考证与诠释为一炉。

选择这样的文本，意在不渲染一种思潮、不言说一套学说或理论，而是传达西方学人如何在错综复杂的问题场域提问和解析，进而透彻理解西方学人对自身历史文化的自觉，对自身文明既自信又质疑、既肯定又批判的根本所在，而这恰恰是汉语学界还需要深思的。

提供这样的思想文化资源，旨在分享西方学者深入认知与解读欧洲经典的各种方式与问题意识，引领中国读者进一步思索传统与现代、古典文化与当代处境的复杂关系，进而为汉语学界重返中国经典研究、回应西方的经典重建做好更坚实的准备，为文化之间的平等对话创造可能性的条件。

是为序。

姜丹丹（Dandan Jiang）

何乏笔（Fabian Heubel）

2012 年 7 月

目　录

中文版序

  与其说苏格拉底这个人物体现了一种特定的哲学学说，不如说是一种思想风格；这就是我们在苏格拉底之后，一直到今天所称之为哲学的思想风格。哲学不是令人确信的观点和稳固的知识，而是试图阐明人们在自己熟悉的世界和语言中，自以为已经理解了的事物。从柏拉图所刻画的苏格拉底身上，我们学到了，许多理所当然的事情是需要解释说明的，而且对此并没有最终的、确定的答案。因此，苏格拉底代表了思想的批判性和开放性；这种思想是非教条的，在面对人生和世界的问题时，愿意不断地重新开始。

  苏格拉底身上所展现出来的哲学也包括它与政治之间的关系。正因为哲学本身不是政治性的，不受政治的标准和尺度的约束，它才能与政治保持这样的一种关系：苏格拉底意义上的哲学对政治是一种修改，它的优点和缺点都在于它并不采取政治的手段或方法。对他而言，唯一有效的是理性的论证，以及自由的、不被腐化的人格。这是如何可能的，柏拉图试图在他的阅读性的戏剧(Lesedrama)中，通过他刻画的苏格拉底形象表现出来。

这本看上去很小的书，很显然是本人怀着对主人公极大的同情而写就的。很高兴现在有了中文译本，为此，我衷心感谢译者杨光先生。

君特·费格尔

2014 年 10 月，德国弗莱堡

德文版说明

　　本套丛书(贝克思想家系列, Beck'sche Reihe "Denker")的总编, 奥特弗里德·胡弗(Otfried Höffe)推动了本书的出版, 并提出了富有建设性的批评和建议, 对此, 我深表感谢。

　　本书的第一版, 是献给伽达默尔(Hans-Georg Gadamer)以庆祝其95岁生日的。后来的再版修订则是出于对我的导师的充满感激的怀念, 是他使我熟悉了柏拉图的对话。

君特·费格尔

2006年8月, 德国弗莱堡

1

哪一个形象?

引　子

　　"苏格拉底，"黑格尔在他的《哲学史演讲录》里这样说道，"开始意识到，所存在的事物是要经过思维的中介调节的。"（黑格尔，18，444）如果这意味着，只有在人有意识地置身于与世界上的一切的关系之中时，它们才有真实的意义，那么从苏格拉底开始，才有了人们后世所称为的"哲学"。苏格拉底是第一个从根本上质疑对世界的理解，并要求给出思想上的理由的人。

　　在苏格拉底之前思想过，因而从回溯的角度也可被称为"哲学家"的人，他们思的方式有所不同。帕墨尼德（Parmenides)用来表述他思想的诗歌,是以描写走出人类日常生活领域的上升的旅程开始的。在旅程终点,一位女神迎面走来,向他揭示了真理。这首教诲诗(Lehrgedicht)的内容是以神的话语的形式被接受的,并通过了神的权威的认可。苏格拉底之前另一位伟大的思想家赫拉克利特则在他的书中开宗明义:人们所听到的并不是他在讲,而是逻各斯(Logos),也就是世界本身的一致与和谐性。与帕墨尼德和赫拉克利特以及其他以前的次要的思想家相比,苏格拉底构成了一次断裂。尽管人们或许非常欣赏他们,然而"前-苏格拉底"(Vor-sokratiker),这个上个世纪之交开始存在的称呼或许不无道理。

西塞罗(Cicero)的一个经常被引用的句子讲道,苏格拉底把哲学从天上拿下来,并使之思考生活和美德,善与恶(图斯 V.10)。这样才产生了哲学,而且它现在依旧还是这个样子。哲学本质上是"实践哲学";它的理论知识也是从属于关于生活形式的问题的。只要行动和实践不是由单独的个人而是在特定的祭祀、习俗和经济的共同体里来完成的,只要行动属于城邦(Polis),那么哲学就是政治哲学。它投入参与日常事务,而不是像帕墨尼德那样认为这是凡人的蒙蔽与盲目。赫拉克利特(Heraklit)也从城邦抽身而退,宁愿与孩童玩弹球游戏,也不愿与其他公民一起为政治操心(第欧 IX.3)。

哲学与如何生活的问题相关,这也必须反过来看:生活也必然与哲学发生关系,因此就不再是像日常生活那样理所当然的了。如黑格尔所说,习俗伦理彻底地"受到主体性的质疑"(黑格尔,18,490):不再有"天真自然的习俗"和天经地义的律法了,什么是真实正确的,必须要经过拷问和理解。这就造成了双重后果:一面是失去了天真的确定性,随之而来的则是不稳定的经验。但如果真实和正确可以被追问和理解,思就获得了一种比天然的习俗至少在一个方面更加可靠的有效性。因为现在如果还能被称之为真实与正确的,是经过怀疑的考验了。

苏格拉底经历了旧的和传统事物的动摇,因而是个过渡性的人物。他生活在公元前 5 世纪(大约是从公元前 470 到 399 年)的雅典,见证了他的城邦在政治上的兴衰。在与他同时代的知识分子——智者派——的争辩中形成了自己的对话艺术。在他身上体现了那个时代精神上的骚动不安,对传统的怀疑以及在思想上寻找新的方向的企图。苏格拉底的思想处于"不再"(Nicht-mehr)与"还没"(Noch-nicht)之间;它与它的来源保持着联系,还没有发展出一种确定无疑的、稳定的形态。由此看来,苏格拉底身上体现了哲学的开端。

这个开端不是历史意义上的开始。哲学的本质在于疑问,它也因此无法超越自己的开端;从事哲学的,总是会感受

5

到没有什么是理所当然的,并试图找到明确的理解。因而,回溯到苏格拉底也就不仅是历史性的怀念。对克尔凯郭尔、尼采甚至波普(Karl Popper)来说,在苏格拉底的形象中,哲学自身是在场的;苏格拉底就是哲学的形象本身,是哲学家的原型。

因此,我们不能像理解其他任何哲学家那样来理解苏格拉底。甚至那些最伟大的思想家也不能与他相提并论;他们(作为个人)总是退隐到他们的思想之后,无论人们多么认同或反感他们,以及在传统中流传下来的关于他们的生活和性格的故事。当然其他的思想家也可能成为哲学的形象,如同人通常可以是他们所从事的事业的形象(Bild)一样;当托马斯·阿奎那(Thomas von Aquin)在他的评注里直接称亚里士多德为哲学家(philosophus)时就是如此。但亚里士多德对托马斯·阿奎那来说之所以是哲学家的典范,是因为对他而言,亚里士多德的哲学才体现了哲学本身。而苏格拉底不同的地方在于,他所说的话总是与他的哲学生活、他个人紧密联系起来。苏格拉底代表的不是一种特定的哲学,而是一种哲学生活。

苏格拉底的思想与他个人的联系也与他没有写作有关。他的哲学是在对话和生动的交谈中进行的,因而苏格拉底也是以这种对话的方式流传下来。他的学生们没有一个只是在

6

苏格拉底这里学习搜集学术观点。相反,苏格拉底学生们的著作回忆了他们老师生动地立论与反证,提问和追问;是通过对话的文学性的展现,对苏格拉底的印象才得以流传下来。苏格拉底的学生和崇拜者把他们老师的对话以近乎诗的形式呈现与模仿出来。他们需要诗歌这种形式,来让他们想描述的一个个体生命合适有效地展现出来。

今天人们心中的苏格拉底的形象主要有两个来源:柏拉图的对话录和色诺芬(Xenophon)关于苏格拉底的著作。色诺芬尽管也写过对话录,然而他的《回忆苏格拉底》显然更重要,它是以回忆的形式来描述苏格拉底的谈话,但其中大部分很可能是源自其他文字材料。我们知道,曾有过许多不同文学样式的苏格拉底对话录,但其中保留下来的只有一些残篇。柏拉图和色诺芬以及苏格拉底其他的学生们,包括埃斯基涅斯(Aischines)、安提司提尼(Antisthenes)、赫尔谟根涅斯(Hermogenes)和斐多(Phaidon),他们很显然通过苏格拉底对话录甚至确立了一种独立的文学体裁(亚里士多德,诗学,1447b9)。

除此之外,阿里斯托芬(Aristophanes)的喜剧《云》也影响了苏格拉底的形象(参看齐默曼 Zimmermann,106—116);滑稽的戏仿也会影响一个人的形象,对理解他也会有启发作用。苏格拉底这里被描述成不谙世故的空想家和智者。不少人接受了这位喜剧诗人的视角;尽管柏拉图的观点与阿里斯托芬完全不同,但在《会饮》里还是纪念了他,并使他的形象流传下来。最后,亚里士多德在他著作的某些地方对苏格拉底的评价也是有帮助的。亚里士多德并不认识苏格拉底本人,他有关苏格拉底的言论过于简短,不能构成真正的评价。但他的评语有时可以让我们更精确地把握柏拉图式的苏格拉底形象,还经常可以纠正这个形象。

然而,在学术研究中经常被讨论的学术问题是如何估量和评价这两个主要来源的? 柏拉图和色诺芬笔下的苏格拉底完全可以被看作是同一个人物;即使是在阿里斯托芬《云》中的滑稽讽刺中,有一些特征在那两位作者那里也是可以找到的。但柏拉图和色诺芬的描写出入很大。因此,我们必须仔细考虑如何选裁:是坚持色诺芬的苏格拉底,还是按照柏拉图的描述? 还是有可能通过比较他们的著作,重塑苏格拉底及其思想本来的样子?

关于第一个问题,首先没有理由缩小我们所知的见证者的范围。为什么要减少使用我们掌握的来源呢? 但这种想法已经作出预设;支持同时顾及那两个主要来源,这种观点只有在涉及到历史上苏格拉底的问题时才有意义。

这种历史意义上的问题是完全合理的;如果不能根本性地质疑历史研究的可能性,就不容易驳回这样的问题,认为无法回答。因为如果想要知道过去曾经发生了什么，我们都会动用当时的见证、文稿和口头流传，但这些基本上没法给出一个明确的图像。每个历史学家都面临着这样的任务：确定不同来源之间的关系，思考它们的意义，由此勾勒出一个形象，而这个形象不是单独的史料来源或它们的总和可以给出的。因此，来源的多样不是缺点，而是有利于最终勾画出一个更加丰富的形象。

尽管如此，我们还是无法为历史上的苏格拉底这个问题作出定论。我们可以为此做一个思想实验：如果柏拉图的对话没有流传下来，并且在亚里士多德那里也几乎没有苏格拉底的线索，我们还会怎么看待苏格拉底？我们当然还会认为他是公元前 5 世纪雅典生活中的一个有趣的人物，但也许仅此而已。我们甚至会怀疑是不是阿那克萨哥拉（Anaxagoras）更重要一些，更不用说帕墨尼德和赫拉克利特了。色诺芬的文字是不可能带来柏拉图的文字那样的作用的。

通过柏拉图，苏格拉底这个人物才获得了哲学上无法估量的意义。苏格拉底的影响史也是柏拉图的影响史；亚里士多德的一些言论见证，作为柏拉图文本的补充和纠正也属于这部影响史。作为哲学家的苏格拉底是柏拉图式的苏格拉底。首先，在柏拉图的文本里，那些人们可以归为苏格拉底的思想是以一种十分准确的形式出现的，而在色诺芬那里则从来不是如此。柏拉图绝对是一个更好的作家：我们在柏拉图那里读到的苏格拉底所参与的对话及相关的生活场景，其生动的戏剧刻画是无与伦比的。柏拉图的对话诙谐而深刻，其中有着微妙的指引与暗示，因其语言艺术而成为世界文学的杰作。

柏拉图式的苏格拉底形象

柏拉图作品中什么可以成为我们理解苏格拉底的依据呢？简单的回答是苏格拉底自己。他是柏拉图对话游戏中的主角，对话录是为了描述他而不是为作者的见解找一个代言人。柏拉图不是苏格拉底，如同莎士比亚不是哈姆雷特，席勒不是瓦伦斯坦（Wallenstein）一样。苏格拉底也不是柏拉图，因为没有一个剧作家能把一个人物刻画得如此令人信服，却同时只是在暗指自己；柏拉图那里的苏格拉底形象是如此独特丰满，因此不可能被看作是作者的哲学面具。何况柏拉图为什么会需要这样的一个面具呢？

但是并不是柏拉图所有的文本都是展现苏格拉底及其思想的。要在这里划清界限，格里高里·沃拉斯托斯（Gregory Vlastos），这个现代最重要的苏格拉底研究者所做的区分值得我们首先来探讨。

沃拉斯托斯也认为柏拉图刻画了作为哲学家苏格拉底的最好的形象。然而沃拉斯托斯相信可以在柏拉图的对话录中确认出两个彼此不同的苏格拉底人物形象。为了把真正的苏格拉底从那个作为柏拉图的代言人的苏格拉底区分开来,沃拉斯托斯选择了前人曾走过的路径(相关的研究史,参见帕策[Patzer]):沃拉斯托斯只把时间顺序上的早期柏拉图对话看作是苏格拉底的真实描写;与之相反,中期尤其是柏拉图创作晚期的对话不过展现了作为柏拉图主义者的苏格拉底。为了做出明确的区分,沃拉斯托斯总结了十个论点(沃拉斯托斯,1991,47—49),这可以为有关苏格拉底人物形象的问题给出一个最初的印象。

　　1. 真正的苏格拉底仅是个道德哲学家。与之相反,柏拉图的苏格拉底除此之外还是形而上学者,认识论者,科学理论家,语言哲学家,宗教哲学家,教育理论家和艺术哲学家。

　　2. 柏拉图的苏格拉底有一套宏大的形而上学理论,认为理念①独立存在,灵魂可以和肉体分离,通过回忆生前所知道的东西来获得知识。而苏格拉底本人并没有这

---

① 理念,Idee 或 Eidos,中文也可译成相。

个理论。

3.真正的苏格拉底通过反驳别人来探索知识,并总是说自己无知。柏拉图的苏格拉底则追求可以确证的知识,而且相信他可以找到。

4.柏拉图的苏格拉底阐释了灵魂的三部分的观念。真正的苏格拉底对此一无所知。

5.柏拉图的苏格拉底掌握了他那个年代的数学理论。而真实的苏格拉底对此不感兴趣,也根本没有显出是这方面的专家。

6.真实的苏格拉底的哲学是平民式的,柏拉图的苏格拉底的哲学构想则是贵族式的。

7.柏拉图的苏格拉底有一套完善的政治理论,据此理论,民主的问题和缺陷只有没有法律的专制可以与之相比。真实的苏格拉底并没有这样的理论。尽管他批判那个年代雅典的统治状态,他还是支持雅典的民众秩序,但他并没有具体说明。

8.柏拉图的苏格拉底为他的同性恋倾向找到了一个形而上的根据,即爱欲(Eros)本质上受美的理念的吸引。

9.真实的苏格拉底认为虔诚意味着服务于一个对自己和对人类有着彻底的伦理诉求的神。柏拉图的苏格拉底则以为宗教的本质在于与非人格神的、神性形式结盟;这样的虔诚有神秘色彩,并在内省沉思中完成。

10. 真实的苏格拉底是个批判性的思想者,目的是为了通过反驳他的对话者来追求道德真理。柏拉图的苏格拉底是位教育思想家,为那些认同他的对话者给出真理。在《帕墨尼德》里的批判性的小插曲之后,他在《泰阿泰德》里重新开始,用"助产术"的方式帮助别人认知。

苏格拉底身上所有需要阐明的难点都在这里集中体现出来。但是这真的就是真正的苏格拉底吗?沃拉斯托斯的主张听上去或许不无道理,但他所做的区分没有一个可以站得住脚;苏格拉底比沃拉斯托斯所想的要更加柏拉图式。当然这个观点需要在具体的论述中才能得到证明。然而,通过厘清一些沃拉斯托斯所选择的切入点的困难所在,我们可以预见到另一个苏格拉底形象的大致轮廓。

首先我们应该更仔细地对待沃拉斯托斯从一开始就做出的早期和中期对话录的根本性区分。他认为的早期对话包括:《申辩》、《卡尔米德》、《克力同》、《游叙弗伦》、《高尔吉亚》、《希琵阿斯前篇》、《伊翁》、《拉克斯》、《普罗塔戈拉》、《理想国》的第一部书。中期对话包括:《克拉底鲁》、《斐多》、《会饮》、

《理想国》的第二到第十部书、《斐德若》、《帕墨尼德》、《泰阿泰德》。这里只有被当作早期柏拉图的对话录才是苏格拉底式的，而到后来才开始有了技巧圆熟却有精英倾向的变化。然而事情并不是这样一目了然：尽管早期对话确实是集中在苏格拉底身上；但是晚期的对话并不仅仅是重拾早期的一些主题而已，早期对话录已经隐含了一些沃拉斯托斯认为是典型柏拉图的而不是苏格拉底的问题和主题。例如被沃拉斯托斯当作早期对话来读的《游叙弗伦》就重点地引入了理念论，这只能被看作是早期的一段柏拉图引文，或者说这里的理念论与后来的含义还有所不同（参见古特里 Guthrie, IV101 以下）。沃拉斯托斯选择了第二种说法，也同时承认了苏格拉底的理念论。

这样就缩小了苏格拉底和柏拉图之间的差别。尤其是我们不能够再简单地认为柏拉图中期对话录里的理念论是完全篡改了他的老师的思想。约翰·伯奈特(John Burnet)和阿尔弗莱德·E·泰勒(Alfred E. Taylor)，这些曾提及苏格拉底的理念论并因此而遭到批评的研究者，他们的地位得到了一定程度上的恢复。

另一个同样重要的难点在于，企图仅从早期柏拉图对话就想得到一个令人信服的苏格拉底形象。因为很难否认，几个中期对话把苏格拉底描述得更丰满、更生动，因而也更准确;而且,没有经验的柏拉图读者在谈及苏格拉底的印象时,首先想到的甚至可能是这些中期对话录。这肯定包括描述了苏格拉底生命的最后几个时辰的《斐多》;同样的情况也适用于阿尔喀比亚德(Alkibiades)在《会饮》里所勾勒的奇妙而充满暗示的苏格拉底形象;《斐德若》里对哲学依赖对话的声明和对文字以及书籍的批判也同样如此。

有关苏格拉底在柏拉图对话中的形象问题,我们必须考虑到以下这个事实:柏拉图把苏格拉底描绘得越直观时,他的形象对读者来说就越清晰地凸显出来,而不仅是像在早期文本中出演对话中的角色而已。为什么柏拉图偏偏会在这里刻画了一个如此生动的苏格拉底形象,如果仅仅是为了他所谓的自己的哲学? 恰恰相反:对每一个明智的读者而言都显而易见,《斐多》和《会饮》的文学艺术性相比《拉克斯》和《卡尔米德》有了明显提升,随之而来的是苏格拉底形象的说服力和可信度的增强。

有人或许会反驳说,正是因为中期对话过于文学化所以才不可信。然而,这样的说法显露出了一种对文学的可疑的看法。托尔斯泰描述拿破仑对俄罗斯的战争比任何历史书上的描写都更加生动而且没那么枯燥,但因而就不"真实"可信了吗? 冯塔那(Fontana)对普鲁士乡绅贵族的写照比起从数据、账本和其他来源所得出的形象要等而下之吗? 难道不是真实的会显得更加真实,如果它们不仅是简单地被当作"真实的"假装出来? 伽达默尔曾在他的文章《作为肖像画家的柏拉图》里概括道:"只有理想的肖像。"他补充和解释说:"只有通过一种理想化的视角,一个短暂且稍纵即逝的、正在成长或已经衰老的容颜,乃至一个人物的整个面目才会树立起来,成为一个得以驻留的形象。这里不仅是一个丰富的瞬间被把握住而已。一切都在场,之前,之后的,一部完整的传记被讲述出来,就如艺术家的眼中所读出来的那样。"(伽达默尔,7,233)文学艺术品的呈现越明确,它的呈现度、直观性和可信度就越高。

如果我们持有这种观点,并不意味着我们就受到了柏拉图作为艺术家和哲学家的文学创造的任意性、他的篡改重写以及固执己见的摆布。如果在某些沃拉斯托斯已经不愿再追随柏拉图的描述的地方,我们还是相信柏拉图,苏格拉底也不会因此就成了一个仅仅是文学性的、虚拟的人物。我们不会因此就只剩下柏拉图,而放弃了苏格拉底,以至于被迫把柏拉图的苏格拉底说的话强行归于真正的苏格拉底,或者是无奈地让苏格拉底的形象在柏拉图的文学游戏中展开。相反,我们尽可信赖柏拉图的文学艺术,因为柏拉图自己清楚地展示了苏格拉底的界限所在。柏拉图所勾勒的这个哲学家的形象有着清晰的轮廓,这也是因为一些具体的主题和思维方式,以

16

及哲学论述的可能性被看作是非苏格拉底式的。

通过注意到柏拉图对话中的非苏格拉底元素，人们可以说能从外部来限定苏格拉底的形象。但更重要的还是柏拉图所勾勒的苏格拉底的图像。要把握这个形象，我们应该首先以一个苏格拉底是很明确的主人公的文本为基准，即《申辩》，全称为《苏格拉底的申辩》(Apologia Sokratous)；篇中描述了苏格拉底如何在审判中为自己辩护，判决的最终结果为死刑。列奥·施特劳斯(Leo Strauss)强调说，苏格拉底的名字只有在这篇的书名中出现，并不是偶然(施特劳斯，1978,56；1983，38)；尽管所有的柏拉图对话录都想要为苏格拉底的思维和行为方式辩护，但《申辩》才是进入柏拉图的世界的大门。对于柏拉图而言，尤其是相对于苏格拉底，施特劳斯的观点深中肯綮：在《申辩》里苏格拉底生活和思想的重要主题都有所提及；从这一篇出发我们还可以与其他对话联系起来，以便更准确地理解这篇对话的含义。

由此可见，真实的与柏拉图式的苏格拉底之间的区别问题并不好回答，如果我们只是抽象地比较苏格拉底与柏拉图的学说，并且由于缺乏信任而不断地与柏拉图的文本拉开距离的话。如果我们认真地以柏拉图为基准，我们就会更多地了解苏格拉底。因为我们想首先以《申辩》为开始，我们就应该来理解这里的苏格拉底的描写所属的框架和背景。

《申辩》的框架

《苏格拉底的申辩》给人的最初印象是一个演讲记录。并没有一个讲述者来向读者描写一下辩护演讲的具体情况；也没有人作为见证者来报告苏格拉底说了什么。相反，是由苏格拉底自己单独来主导了对话。我们可以把这看成是作者柏拉图的有意识的决定：法庭审判的情景应该只是从苏格拉底的视角呈现出来；控告者和所有其他在这个混乱的事件中说过话的人都被忽略了，或者只是出现在苏格拉底的视角中。对话的作者（柏拉图）把一切都集中到苏格拉底身上，自己则隐身到事件之中，仅仅是提及自己是听众的一个而已（申，33e‐34a；38b）。苏格拉底只是要呈现展示自己。《申辩》把他的形象展现成了自画像。

如果我们像施特劳斯那样，把这个文本看作是开启柏拉图的宇宙世界的大门，那么这样也就排除了柏拉图利用自己的老师来作为自己思想代言人的可能性。相反，一个柏拉图级别的哲学家，如此果断地把自己哲学思想的表达与另一个独特的人物紧密地连在一起，这是史无前例的。《申辩》在此具有独特的意义，柏拉图把哲学的表达与苏格拉底这个人物身上所发生的事情首先连在一起：对他的控告，审判和处决。

《申辩》以及针对苏格拉底的诉讼构成了柏拉图的对话录的中心。这也体现在柏拉图的文学艺术上；一系列的对话都是围绕着《申辩》谱写出来的：《游叙弗伦》是以苏格拉底因为被起诉而前往法庭开始的；《克力同》展现了审判后在监狱里的场景，描述了一个朋友试图劝说苏格拉底出逃；《斐多》的内容是苏格拉底的处决和与朋友们最后的对话。《游叙弗伦》在时间顺序上紧接着后来所写的《泰阿泰德》，而之后则是《智术师》和《治邦者》。在《美诺》里苏格拉底遇见了阿尼图斯（Anytos），一个后来起诉他的人；在《高尔吉亚》里，苏格拉底被明确警告道，他的哲学式的生活和思想不会有好结果。而《理想国》里著名的洞穴喻则把苏格拉底的命运普遍化为哲学家的命运。一个特殊的事件得以普遍化，证明了它的深刻含义。

一个人的审判也就因此成为了哲学和由柏拉图确立起来的哲学传统的源起，更准确地说是这个审判和这个人在审判中的行为方式，以及他如何接受对他的判决和死刑的方式。尼采认为，"苏格拉底成为了新的、前所未见的理想（人物）"，而且这不仅是对于"高贵的希腊青年而言"（尼采，《悲剧的诞生》，13 章；KSA1，91）。然而，脱离了审判的具体情况，苏格拉底的行为是不可能得到合适的理解的。《申辩》里至多不过是略微提及而已，但没有说明这些情况和背景，所以给出一些注解是必要的。

控诉所针对的是许多公民眼中可疑的苏格拉底。尤其是苏格拉底与雅典民主制的敌人的牵连成为了他的灾难,尽管他在政治上并不同情这些敌人,而且其实他没有被任何政治组织和政府所利用。这里的敌人指的是所谓的三十僭主,他们于公元前404年夺权统治雅典,因为许多人当时滥用法律上的公民权,如柏拉图的《书简七》所讲的(书简七,324c)。然而三十僭主的统治根本不比之前的民主制好;相反,他们屠杀富有的公民时毫不手软,并宣称这些杀戮是正当的——每个时代的类似政权都是如此。政变的首脑中有柏拉图的亲戚克里提亚斯(Kritias)和卡尔米德(Charmides),他们与苏格拉底的联系紧密,这或许在民主制度重新恢复之后给他带来了不好的名声。苏格拉底同阿尔喀比亚德的关系也让他显得可疑;毕竟在雅典同其他地方一样,与自己国家的背叛者为友都是不恰当的。

但这还没有真正解释对苏格拉底的指控。首先,民主派在三十僭主倒台后行事十分明智宽容,《书简七》提供了证据(书简七,325b)。对苏格拉底的指控如果有政治动机就违背了民主派所颁布的大赦。除此之外,人们当时应该已经知道苏格拉底曾拒绝与三十僭主合作。有确凿证据表明,他曾经冒险拒绝参与逮捕和谋杀一位雅典市民;这在《申辩》(申,

32c)、《书简七》(书简七,324d - e),以及色诺芬的《希腊史》(希 I.7.12 - 15)和《回忆苏格拉底》(回,IV.4.4)里都有所提及。从一些已知的事实来看,《书简七》所给出的答案不是没有可能:对苏格拉底的控诉是因为一个愚蠢的偶然事件(kata de tina tychen. 书简七,325b)。

但这样的回答并不让人满意。控告或许缘起于一个不幸的偶然事件,但还是有一些具体原因的。如果从政治局势的角度不能合理地解释,我们还可以从控告者的爱憎倾向上来理解控告的原因。并不是雅典城邦对苏格拉底提出诉讼。没有这样的诉讼;即使是公开的控告(demosiai dikai/graphai)也要由私人来起诉。对苏格拉底的控诉(graphê)是由吕孔(Lykon)、墨勒托斯(Meletos)和阿尼托斯(Anytos)来发起和承担的。

控方中的第一位无足轻重;墨勒托斯这个人物出头露面,在台前活动,阿尼托斯则是在后台有影响力的人。墨勒托斯虽说不是阿尼托斯的傀儡,他本人是负责起诉的,但只有当阿尼托斯支持他时,他的行为才显得很重要(参见布里克豪斯和史密斯[Brickhause/Smith],1989,29)。

墨勒托斯在《申辩》里代表诗人,而阿尼托斯代表了手工匠人,吕孔则代表了演讲家或政治家。墨勒托斯或许还真的写过悲剧,但这是否与控告有关,则很难定论;我们将会看到,这很有可能。在《游叙弗伦》里,这个留着长而不弯曲的头发、长着鹰钩鼻的大胡子年轻人被称之为陌生人(游,2b)。当苏格拉底在他的辩护词中反复诘问他时(申,24c－27d),很明显可以看出,他还不能胜任他的职责。

阿尼托斯的地位则完全不同:他拥有一个制革厂,在城邦里很有影响;根据《美诺》精确刻画的特征可以判断,作为一个公民,他对雅典青年受到对话艺术和知性辩论的吸引深表怀疑。阿尼托斯的反感首先是针对智者们。当有人公开宣称比正常的公民知识更渊博,并能够传授对政治和社会生活有利的技能和处世态度时,这使他充满了狐疑。能使人成为良好公民的技能与态度,也就是美德,按照阿尼托斯的观点最好应该由公民自己来传给子孙们(美,92e)。《申辩》表明,墨勒托斯接纳了这个观点(申,24e)。

苏格拉底在《美诺》里恰恰没有如智者那样宣称自己是传授美德的老师。相反,对于美德是否可以传授,苏格拉底甚至表示了怀疑。然而,他的怀疑更加激怒了阿尼托斯,以至于他警告苏格拉底要小心了(美,94e)。这就指出了阿尼托斯对苏格拉底进行诉讼的关键动机:苏格拉底也质疑公民的政治能力;怀疑美德是否可教如此看来甚至要比智者们所宣称的教育还要极端。

然而,肯定不是苏格拉底和智者们才使得雅典天真自然的伦理道德出了差错。恩斯特·恽格尔（Ernst Jünger）曾经说过，地震过后，人们经常会打碎地震仪（来出气）。① 阿尼托斯等公民所经历的不安全感在公元前 6 世纪就已见端倪，而智者派的知识分子不过是把实情本身指出并命名而已。通过与其他文化的紧密接触，雅典人从中得出结论：道德风俗不过是约定俗成而已；一个地方所流行的可能会被另一个地方的人所憎恶。同样，在一个与今天的代议制民主不同的、每一个公民都可以直接参与决定城邦事物的民主制度里，传统的贵族伦理也是靠不住的（莱斯基 Lesky，387）。这或许才是公民们感到不安的最重要缘由。

另外，雅典在苏格拉底的审判时已经陷入危机。在荣升为与斯巴达齐名的希腊统治势力后，而且经历过了伯里克利（Perikles）时代经济和文化方面不可思议的繁荣，雅典的荣耀随着伯罗奔尼撒战争（Peloponesischer Krieg）的失败而消逝，民主制刚刚恢复不久。这一切苏格拉底都亲身经历了。他是石匠索福罗尼斯克斯（Sophroniskos）与助产士斐娜瑞特（Phainarete）的儿子，在伯罗奔尼撒战争开始时他四十岁左右。当生于公元前 428 年的柏拉图来刻画苏格拉底的形象

---

① 恽格尔这里的比喻的意思是，人们经常会把灾祸、病症的发生归罪于那些对其做出预判和诊断的人。

时,他所回顾的是正在过去的或者说已经过去了的世纪。

公众的自我认知受到了深深的动摇,这也许对苏格拉底的审判产生了一定的影响;这或许也是阿尼托斯决定起诉那个被普遍认为是令人反感的怪人的动机。然而,如果我们怀疑阿尼托斯就是想要苏格拉底的命,则冤枉了他。如果苏格拉底以针对他的起诉为由而逃亡,或者在审判中请求被流放,阿尼托斯和他的朋友们或许也就满足了。按照柏拉图的描述,如果苏格拉底听从他的朋友克力同的劝告在判刑后逃跑,人们甚至很可能会如释重负。苏格拉底在《申辩》中说,阿尼托斯曾认为他(苏格拉底)最好就不该来出庭(申,29c);而流放的可能性则被苏格拉底认真地驳回,认为这不过是控方所期待的而已。

但是,苏格拉底并不是一个那些偏狭而狂热的公民通过法律途径想除掉的开明思想的殉道者。当然阿尼托斯和他的政治同伙要为这次审判负责。他们当时大概受到了雅典普遍流行的想法和对苏格拉底的态度的影响;在《申辩》中,苏格拉底指出有许多原告,他害怕他们远甚于阿尼托斯等人(申,17b);若无这些怨恨的散布者,阿尼托斯和他的朋友想法不会是这样的。简而言之,雅典当时充满着有利于起诉苏格拉底的思想氛围,并且有些人愿意积极反对苏格拉底。但是,为他的死这个结局唯一负有责任的是:苏格拉底本人。

苏格拉底不想流亡。因为他预料到，在别的地方他的思维和对话方式同样会遇到类似的麻烦（申，37d）。在《申辩》和《克力同》里苏格拉底显得很疲惫，听天由命；他不想在一个陌生的环境里再一次地辛苦努力，去适应另一个城邦的生活。可以确定的是，苏格拉底在审判和死刑执行的那一年已经七十岁了（申，17d）。然而，从柏拉图文本的某些段落可以看出，年龄并不是苏格拉底留在雅典接受死刑的真正原因。而是因为逃避判决的执行是不对的；如《斐多》里所言，为了城邦而承受它所施加的惩罚是"更公正、更美好的"（斐多，99a）。当一个人离开他所被指定的地方才是不公正的。这同样适用于战争；尤其是当神在发出指令时，人们必须听从他的命令，不该擅自打乱秩序，离开自己的岗位。苏格拉底就是这样要求自己的；他在雅典的哲学活动遵循了德尔菲（Delphi）之神阿波罗（Apollon）的指令，同时也意味着在死亡和其他事物面前无所畏惧，坚定地去忍耐与承受（申，28d－e）。

因此，苏格拉底之死的决定性动机是他的虔诚。出于虔诚，他对他的哲学才有了自己的理解，并可以在雅典人想以一种不起眼的方式除掉他时坚定而不为所动。虔诚最终也是苏格拉底在雅典的政治生活中起了独特作用的原因。他的虔诚因而就是理解苏格拉底及其思想的关键。

2

哲学的虔诚

无神论

　　在苏格拉底的审判中,虔诚的意义不仅仅是因为苏格拉底以顺从阿波罗为理由,心甘情愿地接受了死刑判罚而凸显出来。与之相关的还有,苏格拉底被控告的罪名是渎神。审判独特的戏剧性就在苏格拉底式的虔诚与指责他不虔诚之间的张力中展开。这也是《申辩》的戏剧张力所在。

　　色诺芬以最简洁的方式把指控表达了出来:"苏格拉底不敬奉城邦所敬奉的诸神,并引入其他的新神是有罪的;他腐化青年,也是不对的。"(回,I.I.I.;表达类似,但顺序相反,见:申,24b)第一项罪名从法律的角度来看,无疑是更有分量的。

为了除掉苏格拉底，人们对他做出了从传统的观点来看十分严重的指控。对城邦的神祇不敬也就意味着质疑城邦本身的根基。《申辩》中的苏格拉底与原告墨勒托斯的互相盘问中，不仅显出了后者多么的不称职，也可以让我们更准确地理解和评价第一项指控。

以不很理解人们对他的指责为借口，苏格拉底首先故意让他的仇敌作出了关于他，苏格拉底，完全否认神的存在的论断。这显然与诉状的原文不符；当墨勒托斯把苏格拉底同另一位受到类似指控的思想家阿那克萨哥拉相比较时，对他们的指控并没有什么帮助。尽管阿那克萨哥拉的思想确实是无神论的，如他称太阳为一块石头、月亮为大地时，就否定了二者的神性。但这样一来，苏格拉底就容易对付他们了。阿那克萨哥拉的作品并没有被禁止，在集市上很便宜地就可以买到他的书(申，26d－e)。如果我们知道，阿那克萨哥拉只是由于他的施主伯里克利的庇护才被免于被指控渎神的，那么很显然，时代已经变了。尽管没有现代意义上的宗教自由，指控渎神还是不合时宜的。苏格拉底似乎可以以最强有力的论据来反驳：如果他真的否认神的存在，这不过是另一起当时已经蔚然成风的、开明的理性主义案例而已，因而不必大惊小怪。而且，如果被指控引入其他新的神灵，就根本不能说是犯了无神论的罪。

但事情没有因此就变得对苏格拉底更有利。无神论看上去好像是更严重的罪行,但实际上早已没有苏格拉底的罪那么能触犯众怒了。人们似乎已经能够容忍阿那克萨哥拉那样的自然研究中不是很明显的无神论,只要这不与流行的信念和现行的体制发生冲突;人们能够容忍他,是因为他没有攻击城邦的宗教,并因此而扰乱动摇那些通常被一本正经地当作理所当然的观点。然而,苏格拉底攻击了普遍流行的宗教,而不单是认为它不重要。因此,第一项罪名的指控无疑是有根据的。

所以苏格拉底是无法为自己洗清罪名的,而且最终他也根本不想这样。尽管他在与墨勒托斯的争论中在一个关键点上作出了让步,认为所谓的新的神灵的引入与传统的、普遍接受的信仰不相冲突:如果这些神灵是诸神的儿子,那么谈及到他们也就意味着相信城邦诸神的存在并敬奉他们(申,27d - e)。但是苏格拉底所说的神灵在传统的观念中并没有出现过。

神 灵

苏格拉底确实引进了"新的神灵",这在雅典众所周知。至少一个在宗教领域的专家游叙弗伦,一个预言家,会马上说出指的是什么。在以他的名字命名的对话录中,他在法庭的台阶上与苏格拉底相遇,当时苏格拉底正要走进法庭,去对他的起诉表态。当游叙弗伦听到控告的内容时——第二个罪名这里没有提及——他回答说,"苏格拉底,我能理解。因为你经常说,神灵降临到你身上了"(游,3b)。神灵是形容词"daimonios"的单数中性形式,意思是"神性的",但并不是众神的具体形象,而是与神奇的、神秘的故而也是神圣的力量有关。苏格拉底被指控所引进的神灵在《申辩》和色诺芬那里叫做"daimonia",也就是 daimonios 的复数形式。苏格拉底在谈及神性的时候多指的是神性的力量。而在回应墨勒托斯时所说的"神的儿子"则用的是 daimones,即具体的神灵或者就是指众神。所以,苏格拉底想为自己辩护,就要把核心问题,即这个实际上模糊而中性的关于"神性的"的说法,巧妙委婉地表达出来。

关于这种神性,苏格拉底在《申辩》里是这样描述的:他从小时候起就偶尔会听到一个声音,而且通常是在阻止他做某个决定或行动(申,31d)。在苏格拉底的审判后,他更加清楚地意识到这个声音的重要性。他想借此强调,审判对他而言并不像大多数人认为的那么糟糕。因为在审判当天早晨离开家门以及走入公堂时,苏格拉底现在所说的"神迹"都没有阻止他(申,40b)。

想要准确理解神迹和内心的声音的意思，我们不一定要像古特里所建议的那样去求助心理学和宗教经验；也不必因为这种事情离奇古怪不可理喻就在哲学意义上放弃了（古特里 III，84 页）。《申辩》里苏格拉底说的神灵阻止他积极投身政治的那句话就有助于我们理解（申，31c - d）："听着，雅典人，如果我很早以前就关心并投入政治的话，那我肯定早就丧命了，而且这对于你们和我都没好处。"（申，31d - e）

这个思想对柏拉图十分重要，在《理想国》里再次被提起：与政治事务保持距离才意味着哲学的可能性；在政治活动中，我们是找不到志同道合的人来一起扶持正义，所以要么被迫独自与其他"野兽"对抗，要么与之同流合污（理，496c）。第一种情况下，灭亡的是哲学家，第二种情况下是哲学。在一个野兽横行的世界里，充满了争权夺势、腐败、病态的野心和虚伪，人们要想进行哲学活动，只能安静地做好分内之事，"好像在冬天狂风与暴雨肆虐时，在墙角里躲避"（理，496d）。《申辩》里的也有类似说法：谁想为公正而辩论，那就必须过一种退隐和非政治的生活，如果他想活下去的话，哪怕是很短暂的一段时间（申，32a）。

哲学得以存活下来是通过神灵（daimonion）；而对苏格拉底而言，可以说是本能使他对哲学保持忠诚。因此，所谓的神灵类似于一个人对自己本质的直觉性的确定，以及那种对什

33

么属于自己、什么不适合自己的感觉。但这只是类似而已，神灵还是与这种确定性有所区别，因为哲学对苏格拉底来说并不是他自己的事情。哲学首先是神的事情——即德尔斐之神，[①]苏格拉底所敬奉之神。因此，神灵是一个神性的符号或象征。《申辩》里解释了这是什么意思。这个相关的段落是文章的核心。苏格拉底讨论了什么是他的"事情"的问题，同时给出了他的哲学的描述。

神 谕

哲学是"人类的智慧"(申，20d)——或许如苏格拉底所补充的那样，而这个补充是完全有道理的：它是一种苏格拉底以一种非同寻常的方式获得的智慧。他的朋友凯瑞丰(Chaire-phon)曾造访德尔斐这个神谕得以昭示的场所(Orakel)，[②]他想知道是不是有人比苏格拉底更有智慧。皮提雅(Pythia)，神庙里的女先知和祭司否认了这一点——所以，苏格拉底是最有智慧的。因为凯瑞丰已死，苏格拉底就让他的在场的兄弟来证实故事的真实性(申，21a)。这个故事是真的，苏格拉

---

① 即阿波罗，太阳神和智慧之神。除了德尔斐，阿波罗在希腊和小亚细亚还有其他神庙。

② Orakel 不仅指神谕的内容，也可指神谕启示的地方。

底不是在开玩笑(申,20d),这具有核心意义。神谕的预言对苏格拉底来说是他的哲学的合法证明,也是他被污蔑和在法庭上必须为自己辩护的原因。

故事的真实性自然没法在历史意义上来核实。与苏格拉底生命中的其他事情相比,去追问这个故事是否真实都是多余的。坚持神谕的真实是柏拉图刻画的苏格拉底形象的一部分。在这个形象的框架之中,这个故事必须是真实的,否则就不能理解苏格拉底哲学特殊的地方,以及苏格拉底哲学的思想核心。

比神谕的内容更重要的是苏格拉底对此的反应:"听到神谕,我心里想:神的谜一般的话到底是什么意思?我非常清楚自己是没有任何智慧的。那么他说我是最智慧的到底是什么意思?神不可能撒谎,因为那与他的本性不符。我困惑了许久,弄不清楚神的意图。最终我才十分勉强地决定去测试神谕的真意。我去拜访了一位被认为是有智慧的人,以为这样就可以在那里检查并反驳神谕,并如此回应神谕:这个人就比我有智慧,但你却说我是最有智慧的。"(申,21b-c)

苏格拉底所强调的神谕的模糊性不是偶然的,而是它的本质属性。赫拉克利特的一段语录则准确地把这个意思表达出来:"德尔斐神谕的祭司既不直接表达,也不隐藏,而是给出暗示。"(第尔斯/克朗茨[Diels/Kranz],残篇,B93)透过皮提雅的声音所说出的话既不是直白易懂的,也不是无法理解的,而正因为如此,才体现出它的约束力(Verbindlichkeit):如果给出一段话来作出暗示,人们通常会臣服于所说的话的权威之下,而努力尝试去理解它。

我们也可以以一种自相矛盾的、更尖锐的表达方式说,苏格拉底因不相信神谕,反而因此服从了神谕——如果他认为自己是最有智慧的,那么预言对他而言就没什么意义。同样听上去有些自相矛盾的是,对神谕的怀疑是以一种确信为基础的,而这种确信也会受到怀疑的动摇。苏格拉底说,他知道自己并没有智慧。如果他满足于此,那么他就不会在乎神谕;如果他关心神谕,说明他已经不再完全确信自己的想法了。神谕所说的内容和他自己的观点,只有在受到质疑时才会展示出其含义。

单就神谕的内容而言,并没什么神秘的,它简明清楚。而当苏格拉底不再像看上去那样对自己那么自信时,神谕就变得像谜一样。神谕的神秘就在于,苏格拉底对自己而言也是个谜。而苏格拉底是在神谕的内容对他而言显得像谜一样神秘时,才发现了这一点。

苏格拉底描述道,最令人恼火的是神谕所说的内容,以及对自己的自识是不可能用"正确"或"错误"简单地来理解的。搞清楚神想要说的是什么的问题,不仅决定了他所说的是对的还是错的。同时也与最重要的问题相关，即什么是"智慧"。如果苏格拉底从一开始就知道答案，他就不会以为神谕有多神秘了。如果没有神谕和对自己的认识，苏格拉底是不会了解智慧的含义的。但这两者之间并不协调，苏格拉底提问和检视的过程也是由此开始的。

一方面整个过程体现了神的权威，但另一方面苏格拉底则向神提出了挑战。神之所以有权威，是因为他从不欺骗人——因为正如苏格拉底十分确信地说道，这不是神的行事方式。尽管如此，苏格拉底还是想反驳神，而且是以一种最极端的方式：对神谕的反驳本身就是神谕的应答(chresmos)的一部分。①

至于苏格拉底对神的评价，我们不应满足于以下这种说法：苏格拉底有自己的"道德神学"，其最高宗旨是宣言众神的至善(沃拉斯托斯，1991，162，173)。神从不骗人并不意味着他所说的就是真理。相反，神的预言，用赫拉克利特的话来说就是，"既不直接表达，也不隐藏，而是给出暗示"。在神的话语背后并没有隐藏着其他的观点和事情；神并没有故意隐瞒什么事情，好像他也可以把这些事情说得很清楚一样。只不

---

① 神谕的形式通常是祭司作为中介，用神秘的预言和启示来回应那些来讨教和寻求建议的人。

过神谕并不是一目了然、通俗易懂。我们只有先证明它的不对,才能得知它的含义。

在苏格拉底开始"以质疑的方式来反驳神谕"时,他显得不是很自信。因为当他决定认真对待神谕时,就已经丧失了自信,并开始怀疑他对自己的认知。尝试着反驳神谕是他解读神的预言的唯一的可能性。如果苏格拉底隐约知道神的这句话的含义,即苏格拉底是最智慧的,那么他还可能试着一步一步地化解其中的模糊和不清;那样的话,他还有一个目标,尽管不是很清晰,但至少可以一边研究一边接近它。但事实上并没有这样的目标,当然苏格拉底还可能试着以另一种方式来把握神谕的含义,即尝试着证明神谕所说内容的对立面才是正确的:另外一个人才是最有智慧的。如果能找到这个人,也就知道了智慧是什么。

但这条路也行不通,因为要想确认另外一个人是最智慧的,我们必须已经知道我们在他身上希望找到的是什么;什么是智慧必须是已知的了。现在,对苏格拉底而言只有一条路可行,而这也是他确实走的路:他必须以人们约定俗成的关于智慧的理解为依据,来测试那些被认为是有智慧的人或从外表看上去有智慧的人。这个表象是他唯一的线索。

这一切不仅是源于对神谕的怀疑,而且同样针对苏格拉底对自我的认识。当苏格拉底确信自己没有智慧时,他就已经是不知不觉在以约定俗成的智慧的表象为标准了。只有当这个表象被看穿,并不再被当作衡量的标尺时,真正的智慧才会显现出来。同神谕一起受到质疑的是那种直接的自我认知:以智慧的表象为标尺的自我认知就被动摇了。但是苏格拉底还是必须要明确地提出质疑,这样才是以一种合适的态度来对待神谕这个事件。而明确的质问就是哲学的开端。

我们现在才可以知道苏格拉底哲学的挑战性在哪里:这个有关德尔斐神庙里的神谕以及神谕的解读困难的故事,与神性建立起了一种新的、极为独特的关系。苏格拉底与他的德尔斐之神的关系也同时带来了一种对虔诚的新的理解:真正的虔诚就是问与思。作为询问与思考的哲学是"对神的侍奉"(申,23c)。

这可以被理解为哲学是虔诚的一部分,它不过是虔诚的一种新的形式而已;不过我们也可以从中听出挑衅的弦外之音:哲学,不是其他,才是对神的侍奉。

为什么应该是这样,这需要我们在仔细观察哲学过程中的提问与辩驳之后,才能显示出来。为什么苏格拉底的哲学能与流行的神的崇拜相冲突,现在就已经十分清楚了。例如阿那克萨哥拉的自然研究就只是与流行的神灵祭奠与崇拜保持距离,并不过问其中所表达的内容;与之相反,苏格拉底意义上的哲学的出发点就是超越神灵崇拜和与之相关的观点。

哲学因而在两方面提出了挑战：对比已经僵化为例行公事的祭祀活动，哲学一出场就提出新的要求，即要重新——或者甚至可以说现在才开始真正地——认真对待神性和虔诚；哲学另一面则与传统的言说神灵的方式发生矛盾，并与诗歌产生争执。

诗 歌

考虑到关于神性的权威话语当时是诗歌，我们就可以理解为什么苏格拉底在《游叙弗伦》一开始就反驳起诉人墨勒托斯，因为他指责苏格拉底虚构新神（游，3b）。苏格拉底不可能是，也不想是诗人，因为就像《申辩》所讲的那样，虽然诗人如同预言家和神谕宣告者一样可以说出许多美好的话来，但他们不知道他们讲的是什么（申，22c）。诗歌语言来自灵感；它没有考问与反驳的特征，目标也不是在与理所当然的事物发生断裂后去理解。

这种对诗歌的评价不应该被误解为贬低美学①，以便来确立科学或哲学思考的有效性和地位。后来 18 世纪产生的美学，因为是受感性影响而被定义为是一种比较低级的知识，

---

① 美学（Aesthetik）一词源于希腊语的 aisthesis，意为感觉。

但这种理解对于古希腊思想来说是陌生的。尤其是人们经常会与美学这个概念相联系起来的一些概念,例如无所束缚和游戏性,都与苏格拉底的对诗歌的理解毫不相干。恰恰相反,能与预言家和神谕的宣告者相提并论就表明,诗人的出场总是带着一定的权威。人们通常也认可诗人对权威的诉求。在苏格拉底看来,正是这一点有疑问。

这究竟意味着什么,在《理想国》的第一卷里就解释得很清楚;这部分也被那些捍卫真正的、而非柏拉图式的苏格拉底形象的人认作是苏格拉底式的对话。一群年轻人与苏格拉底一起聚集在富有的商人克法洛斯(Kephalos)家中,苏格拉底向年迈的主人询问年老的优势与劣势。克法洛斯以一种非常有教养、很认真和巧妙的方式,并援引索福克勒斯和品达回答了这个问题。克法洛斯不仅仅是因为具有相当可观的财富才能享受年老的优势,这又引出了更深层的问题,即财富有哪些优势。克法洛斯回答说,富有的人可以成为更正义的人,因为他可以偿还曾经所得到的东西。苏格拉底想知道,这就是正义吗?克法洛斯的儿子珀勒玛科斯(Polemarchos)插嘴说道,"就是这样,苏格拉底,如果我们可以相信西蒙尼德斯(Simonides)的话"(理,331d)。箴言诗人西蒙尼德斯这里被当作权威来引用;引证诗人代替了实质性的回答。

然而西蒙尼德斯的权威很快就被证明是不成立的。他有关正义的言论是模棱两可的;苏格拉底在经过简短的询问后认为,西蒙尼德斯"是以诗的方式、谜一般的语言"在讲话(理,332b-c)。第二卷里同样的主题再次出现:诗人写出了一堆混乱、模糊不清的书,他们想以此来说服的不仅是民众个人,还有整个城邦(理,364e)。这给所有人都带来了麻烦,而且因为诗歌里展现的内容是大家耳熟能详的,人们也没有意识到问题所在。

人们或许有疑问,为什么神谕的权威被承认,而诗人会被批评或认为有问题。苏格拉底把诗人和神谕的宣告者一起相比较,而且非常严肃地看待德尔斐神庙,这本可以朝有利于诗人的方向解释。然而,他们之间的差别很快就显露出来:德尔斐之神的预言并不是用来说服人的。神谕所暗示的内容是需要解读的,就像苏格拉底尝试着通过考问与反驳所做的那样。与之相反,诗歌给人的表面印象是清楚易懂,这样就掩盖了它也需要解读的事实。许多以诗化的语言表达出来的美丽事物,必须以一种对抗诗人的潜移默化的影响力的方式才能被理解。因此,诗歌不能像诗人想要的那样自成一体而独立存在。

诗歌并不能带来知识,但看上去它好像能够如此——而这也正是苏格拉底质疑诗歌的唯一原因。如果有人善于诵读诗歌,像行吟诗人伊翁在以他的名字命名的对话里向我们展示的那样,这并不意味着他理解诗歌中所讨论的事情。如果这在哲学意义上可以说清楚,那么哲学就显出比诗歌高明:哲学可以揭示诗歌话语的地位,而在这个过程中就可以彰显出诗歌所缺乏的知识。

但这还没有证明哲学相较于诗歌的全部优势所在。诗歌还有可能通过它的一个长处来弥补以上提到的弱点,即在比较诗人与神谕宣告者时所提到的长处。哲学虽然认清了诗歌语词需要阐释,但它还是需要参照诗歌,因为诗人要言说的,哲学家只能解读,也就是说用概念来重述。如苏格拉底在《伊翁》中所说,真正的诗人是被神灵附体(entheoi,伊翁,533e);也就是真正意义上的被赋予灵感。我们可以这样想,只有在他们身上,神性才真正地表达出来。

然而这同样适用于哲学。如果通过哲学的方式才能侍奉神,那么灵感和激情则以不同的形式显现——通常是更加冷静,更重要的是一直保持清楚明了。不仅是诗人,哲学家也会偶尔狂热而兴奋地讲话,然后对自己感到吃惊,因为他们听起来像酒神狄奥尼索斯的信徒。至少在《克力同》末尾,苏格拉底是这个样子;这是在他对雅典的律法发表了自己的观点之后,以便说服他的朋友克力同,不逃亡是正确的选择(克,54d)。如同诗人是众神的中介和诠释者(Hermeneut)一样(伊翁,534e),哲学家这里并不仅是雅典这个城邦的现实的诠释者;他也拥有了超出人间律法和政治的洞见。在对话的最后一句话,苏格拉底说道,"好吧,克力同,我们就这样行动吧,因为神在这里引导着我们"(克,54d)。

如果哲学话语可以这样理解的话,那么哲学也就确实取代了诗歌的位置。哲学家承担起了曾经是诗人的任务。哲学相对诗歌而言不再是他者,与之不同——它与诗歌在本质上是相同的,不过是更完美、更清楚、更容易理解。如果苏格拉底的演说中可以听出这种诉求,如果在辩护演说中关于神谕的故事更突出了苏格拉底思想和言说的诉求,那么也就可以理解,为什么墨勒托斯——一个或许只是中等的,而且还很年轻,并不是很成功的悲剧诗人——会如此激烈地提出反驳。

然而,墨勒托斯最终或许是对的,苏格拉底在反对诗歌的过程中为哲学提出的要求是狂妄的,没有根据的。哲学要想比诗歌更高明,只有是在诗人的引导让人误入歧途,并带来真正的伤害的情况下。《游叙弗伦》中的极端例子显示了这一点。

虔诚的实践

苏格拉底在这里遇到了有关虔诚问题的专家。预言家游叙弗伦并不能代表雅典的祭司(古特里 IV,103),因为关于他的人物刻画过于荒诞。而且他从一开始就宣布与苏格拉底团结一致,并抱怨说他得不到尊重和赏识;当他推算预知未来时,人们就嘲笑他是个疯子。他在同神灵的关系上有着同苏格拉底类似的问题,苏格拉底是被指责虚构新神(游,3b)。游叙弗伦想要向他的对话伙伴暗示,他们两个身上体现出的真正的虔诚在雅典公民眼里是可恨的;所以他们没必要理睬公民,而是应该联合起来(游,3c)。

然而不久就证明,这种讨好式的亲近并没有得逞,而且还可以看出,在游叙弗伦这个极端的例子身上传统观念的作用更加明显。游叙弗伦和苏格拉底各自对虔诚的理解完全不同,苏格拉底尤其不能理解,游叙弗伦怎么能上法庭指控自己的父亲犯了谋杀罪。这个耸人听闻的事件最终显示出,游叙弗伦的行为是由一些惯见的,而且有问题的观念引导的。

关于这个耸人听闻的事件,我们可以为游叙弗伦辩解说,他的行为是出于一个不难理解的动机。按照传统的说法,无论什么形式的谋杀犯罪行为,行凶者全家的声誉都会遭到玷污(古特里 IV,109),而他控告自己的父亲就可以理解为想洗清这件事给家族与自己带来的耻辱(游,4c)。令苏格拉底愤怒的不是这个情况本身,而是游叙弗伦以一种偏狭且极为自负的方式来控制整个局势。游叙弗伦过于相信那些他为自己的行为辩护的标准了;他所依据的其实是僵化的规则,例如他说,被杀的是陌生人还是亲戚没有分别——我们不久就知道了,这是一个已经定罪了的杀人犯——同样没有分别的是罪犯。游叙弗伦以同样的自信援引宙斯反抗他的父亲乌拉诺斯来为自己辩护,①并认为这是一个重要的证据(游,5e-6a)。

游叙弗伦自以为是的原因是他对虔诚的理解,这种理解实际上是以买卖交易为范例的。苏格拉底甚至把这种虔诚直接称之为交易术,而他的对话伙伴也认可这种说法(游,14e):虔诚是与众神有关的、关于给与和请求的知识(游,14d)。但这并不是偏执的游叙弗伦独有的观点。因为在《理想国》的第一卷里,性格上没有任何缺陷的克法洛斯就持有类似的观点:财富的优势在于不拖欠神任何祭品(理,331b);结果,克法洛斯不久就离开会谈,去献祭了(理,331d)。

苏格拉底在《游叙弗伦》里向我们展示了这种观点的问题所在:即试图把虔诚的本质置于神与虔诚的关系中来理解。如果游叙弗伦的观点是对的,那么神喜欢虔诚,并不是因为它是虔诚;而是因为它被神喜欢,才被定义为虔诚(游,11a-b)。值得注意的是,苏格拉底——或者说他的形象刻画者(柏拉图)——在本质与属性,本质属性与偶然属性间所做的区分,后来成为了亚里士多德的本体论的核心;尤其重要的是因为

---

① 乌拉诺斯(Uranos)在古希腊语中也表示天空。

这里苏格拉底也已经使用后来亚里士多德所采纳的概念 ousia，可以被翻译成本质(Wesen)。

但这里重要的并不是本体论上的区分。这个区分只是为了以下这个思想服务，即如果人们以神的赞许为标准，那么什么都可以冒充虔诚。游叙弗伦自己就是个例子。他的一些传统的想法，比如众神之间是有分歧的，让人无法把握住一个统一的关于虔诚的概念(游,8e)；即使虔诚意味着神所喜欢的(游,9e)，但难点依然存在：我们必须先研究众神的信念和意志，才能让自己成为虔诚的。

游叙弗伦由于思想上受到约定俗成的观念束缚就没法做到这一点。而且问题是，审视众神就不能不在其中运用一些在诗人那里学到的一些观念，不论是有意还是无意的。参照诗歌中表达的关于神的想象和以买卖交易为范例的虔诚观是以一种非常糟糕的方式互相补充的。

问题的答案在对话录中并没有充分地展开。但答案的方向是可以预见的，如苏格拉底所建议的那样，把虔诚视为正义的一部分(游,12c)。讨论正义时，我们不是必须要依靠流传下来的众神的形象。而且追问正义本身就是正义的一部分，这样，那些像游叙弗伦那样十分可疑的行为就被排除了。谁要是问正义是什么，就不能依赖传统和习俗，而是要自己决定什么才是正确的。因而，能取代游叙弗伦的混乱模糊、不谙世事的倾向的是一种"实践知识"(伽达默尔7,106),因为它还恰好能为虔诚的问题打下基础。

然而苏格拉底不仅是要主张这样的实践知识,来反驳游叙弗伦的偏狭。他甚至不想仅仅是让人们意识到,那些观念总体上不过是习惯成自然而已;他指出,即使这些观念至少可以让人过一种令人称道的生活,如克法洛斯那样,也仍然站不住脚。苏格拉底并不想最后让虔诚成为正义的一部分,并由此把传统的祭祀习俗以及相关的意见提升转化为伦理学。相反,对他而言真正的虔诚在于追问什么是正义。把正义置于虔诚之下这个可能性,在对话录中虽没有仔细考察,但还是有根据的;是一切正义的都是虔诚的,还是虔诚是正义的一部分,这个问题本身就暗示了这种可能性。后者虽然是接下来的对话的起点,然而苏格拉底只不过以它为假设前提:"那么如果虔诚是正义的一部分的话……"(游,12d)虔诚并不是正义的一部分;它给出正义的尺度,这样的话,以正义为出发点,什么是虔诚这个问题就成了一个开放的问题。最后,苏格拉底讽刺地总结道,因为他并没有在这个问题上学到什么,所以必须继续在无知和不确定性中独自思索,并重新开始(游,14a)。虽然墨勒托斯对他的指责是错误的,但他的控告也并不是完全没有道理:苏格拉底必须这么做,即去从事哲学活动,并且从中证明他的哲学的虔诚。

3

哲　学

知识的检验

　　为侍奉神而服务的哲学首先是要检验知识,因为苏格拉底想要反驳神谕。苏格拉底首先找的是那些被大家认为有智慧的雅典人,而且因为他也认为他们有智慧。知识的检验的进行方式可能是苏格拉底身上最为人所知的一面,这里人们经常引用一个被认为是苏格拉底哲学的核心的一个句子:苏格拉底知道,他什么都不知道。这个似是而非、但生动明了的表达方式似乎抓住了苏格拉底思想和言论的一个根本特征。

　　然而,如果我们仔细观察就会发现,苏格拉底知道得太多了,所以我们不能满足于这个句子的表达。我们在一个《游叙弗伦》这样的文本里学到的要与不可知论者的讽刺性游戏完全不同,它有更丰富的实质内容,而后者的目的不过是让陷人到僵化教条的对谈对象出丑而已。游叙弗伦不假思索地就要控告他的父亲犯了杀人罪,对此苏格拉底十分惊讶,这里就体现了一种高贵的知识;当然这不是轻易可以传达的知识,因而也很难描述它。这种哲学家的知识,在检验非哲学的知识时最容易证明自身。在《申辩》里描写的知识的检验,它的最终效果甚至就是为了哲学知识本身可以与之一起显现出来。

为了反驳神谕,苏格拉底找到了一个搞政治的——后来他就笼统地说是政治家们——还有诗人和手工艺人。这种顺序是自让而下的、等级式的。政治家们很明显是把城邦的事务当成自己的事,并为此承担责任,而诗人则用语言表达出城邦的文化和自识的本质所在,而手工艺人则代表了普通公民,即那些在雅典引入了民主制之后才可以影响城邦事务的人。在这种情况下,手工艺人在知识的检验中反而结果最好,很令人吃惊,尽管或者说这恰恰是因为他们的知识是有局限的——要求最少的知识反而最可靠。此外,用手工艺人的知识来衡量诗人和政治家,这并不是顺理成章的;因此要仔细考虑,这到底是怎么回事。要想真正理解知识的检验,就必须从最后被检验的一组人——手工艺人开始。

当苏格拉底找到手工艺人时,知识的检验对他来说已失去了任何悬念。如他所说,因为他已经知道了,这些人有很多美好的(kalá)知识(申,22d)。实际上,他们确实知道苏格拉底所不知道的,因此证明了自己是更有智慧的。苏格拉底这里用了"sophos"这个词,通常翻译成"智慧的"。这种用法并不让人惊讶,亚里士多德还把那些熟悉自己的专业事务的、某一个领域的能手称之为有智慧的(尼伦,1141a9 - 16)。这也被相应地理解为是知识(Wissen)。这是一种体现在技能上的知识,准确地说是能制作出东西的技能;这是有关技艺(technê)的知识,我们可以翻译成"艺"(Kunst),但不是指美的艺术(schöne Kunst),而是指能完成和制作的技能和手艺;这层含义在医术(Heilkunst)这个德语词里还有所保留。

苏格拉底很有把握在手工艺人那里找到被理解为技能的知识,如果我们考虑到每个手工产品的使用者都可以证实生产者的技能和知识,甚至能判断其技能的好坏程度,这就不怎么令人吃惊了——一双鞋做得好还是坏,人们穿的时候就感觉到了。除此之外,手工艺人还可以把他们的技能或知识告诉并传授给别人;这也是一个可靠的试金石,因为这样就没法虚构和装出有知识。手艺是知识,而知识在手艺中可以最清楚地显示出来,这个观点或许对苏格拉底的听众来说很好理解。具有挑衅意味的仅仅是因为苏格拉底并没有提及那些更高雅的技艺,比如战略家、建筑师和城邦设计师的技艺。

尽管有这些明显的长处,手工艺人也依然遭到批评。他们的错误在于以为他们有限的技能可以让他们理解行业以外的事情:"因为他们可以很好地运用自己的技艺,就以为在其他重大事务方面也是最智慧的,这个错误反而掩盖了他们的智慧。"(申,22d)手工艺人自己并不清楚,他们知道或能做什么,以及不知道什么。他们的知识不是因为有局限才显得不足,而只是因为对知识的界限的无知损害了知识。

诗人的情况也是如此;他们与手工艺人有着同样的弱点,都是高估了他们的能力,因为他们以为,可以以他们的诗歌为由,在其他他们不熟悉的方面同样是最智慧的(申,22c)。毕竟他们还是知道或能做一些事情的——他们的作品就是证明。诗人的能力也有着技艺的特征。诗人之所以在苏格拉底的等级划分中比手工艺人更低级,这是因为他们不能解释他们的技能;从他们那里学不到任何东西;他们没法解释清楚自己的作品——其他人谈论诗人的作品比他们自己还好(申,22b)。然后,苏格拉底突出了诗人的灵感。他们的作品是在神灵附体后才产生的,而灵感则与知识和技能相矛盾——其中一个决定性原因就是它没法被证明。

但这并不意味着诗歌创作(dichten)是一门技艺的观点就无效了。诗歌的技艺特征体现在它与手工艺相似的一面,即能够产生出作品的能力。然而,因为诗歌能通过诗性的语言把世界不同的方方面面聚合联系在一起,因此它不仅是塑造语言的手艺而已;也正因为如此,诗歌在公共的,而不是苏格拉底的等级划分中,要比手工艺更高级一些。但是它比手艺多出来的并不是知识,如《伊翁》里所讲的那样:谁善于描写战斗,并不意味着他就是将军。我们或许可以为诗人辩解说,这种批评并不公平,因为那并不是诗歌所追求的。但实际上,一旦诗人声称自己是人生的问题的权威时,这样的批评切中肯綮。这里的问题指的是那些"伟大的事物"(申,22d),诗人对此并不理解,但却又想了解一点。

对政治家而言更是如此。苏格拉底所面对的政治家在很多人眼里是聪明智慧的——尤其是他(政治家)自己认为自己是有智慧的(申,21c)。苏格拉底补充说,他试图向政治家指出他的无知(申,21c - d)。从之前所谈到的,我们可以清楚地推测出他是怎么做的:政治家声称自己有智慧,那就要衡量和检测他是否拥有与工匠的知识类似的技能;原因很简单,这是由于苏格拉底对知识和技能的理解是以手工艺人为例而得来的。不然的话,当他在检验手工艺人,发现他们确实熟悉理解他们的行当时,一定会很惊讶。

由此看来,手工艺人的知识是苏格拉底用来判断所有知识诉求的尺度,因而我们可以把它称之为真正意义上的人类的知识。这种知识是人们真正能够获得的,正因为如此,手工艺人才很自然地以他们的知识为理由,声称他们熟悉那些"最伟大的事物"。尽管他们盲目地自负,他们最终还是得到了比政治家更高的评价,因为后者很可能没有任何知识。与政治家相比,诗人有明显的优势:尽管他们的灵感可能不是知识,但不管怎样,它让诗人能够说出许多美丽的事情,他们的弱点不过是他们并不知道他们所说的是什么(申,22c),但仍盲目地声称自己拥有知识。

最终,没有人经受住了苏格拉底的考验,这也意味着苏格拉底没有驳倒神谕。结果实际上显示,他才是最有智慧的。然而,结果并不是这么一目了然。尽管苏格拉底比起政治家和诗人要有一些优势,因为他并不声称自己有知识(申,21d;22c)。与手工艺人相比,苏格拉底的智慧之处在于他放弃了他们的知识,因为这样才能摆脱他们的盲目(申,22e)。人们或许会想,苏格拉底之所以是最智慧的,是因为他知道如何聪明地自谦。但是,苏格拉底的见识远远不是谦虚和自敛而已。苏格拉底是最智慧的原因在于,他与其他被检验过的人不同,他有一个知识的概念,并且同时因此能认清知识的局限。

知道自己的无知,这句话一方面很简单,另一方面则提出了十分高的要求:苏格拉底没有掌握一门技术和手艺,这个意义上他是一无所知的;然而,正因为如此,他才可以准确地看清楚手工艺人或工匠的本质是什么,从而避免了把手工艺人对知识的模糊概念错误地扩展到其他要求更高的领域。苏格拉底知道,类似手工艺人的知识是理解人类知识诉求的关键——无论是合理的还是不合理的诉求。

但这里涉及到的不仅是人类的事物:苏格拉底发现,别人声称有知识却没法兑现时,他便重新突出神的智慧,而人的智慧是微不足道的,或者说一文不值;为了表明这一点,神利用苏格拉底的名字,使他成为典范,以此来显示出人类知识的局限(申,23a-b)。当然,最有智慧的不是苏格拉底,而是德尔斐之神。但苏格拉底声称自己为神的声音,不仅仅是与诗人的宣称相似而已,他还超出了他们。有关那些"最伟大的事物",苏格拉底比诗人和政治家知道得更多;他知道,那些事物实际上是人类的知识所不能企及的。不仅如此,因为苏格拉底知晓人类知识的界限,关于那些伟大的事物,他也拥有一种知识。知道自己无知这句话暗示了,属于人类的知识一方面可以自我超越,但它另一方面并不因此就有资格声称,自己具有了神的智慧。而这种超越就是哲学。

但即使我们承认,苏格拉底在《申辩》里真的声称自己为神的声音,他兑现的方式不过是以否定的形式——即通过与别人对谈发现知识的界限,尤其是当界限被忽视,并被越界时。然而,苏格拉底提出的要求不止于此。苏格拉底郑重地请求雅典城邦的同胞,不要只为财产、名望和声誉操心,而是要关注知识、真理和灵魂处于最完善的状态中(申,29d-e)。苏格拉底接着说,"如果你们中有人驳斥我的说法,说他自己对这些事情是关心的,那么我就不会让他马上走开或我自己离开。我会询问他,并全面地核查检验;如果我觉得他并不真正拥有美德(Tugend),①但仍宣称自己有,我会批评他说,他忽视了最重要的,而去关注最坏的事情。"(申,29e—30a)而是否能达到完成那些"最重要的",无论是否完美,这里并没有说明。

也就是说,如果说苏格拉底反驳那些没有根据的知识的说法意味着,每个人都应该局限于各自的知识,那么,"最重要的"就应该是在这种自我限制中。然而,实际上并不是如此。以上引用的句子中美德被定义为"最重要的";如果只是限于各自的知识就可以获得美德,那么我们就没法理解,为什么(苏格拉底)总是尝试通过超越了手工艺知识来确认美德。在《申辩》的文本里,并没有说清楚是否美德是唯一的最重要的,还是它只是属于上文提到的那些"最伟大的事物"的一部分。对政治家和诗人而言,这并不是很重要。他们能感到那些"最伟大的事物"的伟大,但不知道如何达到伟大。他们宣称,由于他们显赫的地位,由于他们的神灵附体,他们能够稍微理解

---

① 这个词希腊语为 arete,表示好、优秀的品质以及道德上的善和美德。

一些那些最伟大而重要的事物。因为最伟大和重要的事物关乎所有人，手工艺人也想超出自己知识的界限，同样想要显出自己的与众不同。然而，有关城邦事物的美德和品性在手工作坊里是找不到的。而且以这样的方式去寻找美德是否得当，也是成问题的。但很明显，与伟大的事物相对应的是一种很特别的知识。

这种情况最终很明了，如果我们考虑到苏格拉底在检验知识时，首先找的是政治家。那些"最伟大的事情"对他而言指的是政治事务，即属于城邦公共生活的事务，并触及公众自身的命运。手工艺人从自己有限的知识出发，以为有所理解的最重要的事情其实是政治。政治与每个人都息息相关，并超越了各种特殊的知识：政治问题，集体生活的问题，不会因为每个公民都按照自己的知识各行其是而解决。如果是这样的话，就不会有真正的政治问题了。政治产生于，当人们认为在各自有限的知识之外还存在问题时。

在《理想国》里，集体生活因其居民的自给自足性而被称为"猪的城邦"（胡弗［Hoeffe］，228—260）。政治问题不是简单地源于集体生活中的错误，那样的话，避免了这些问题和错误，人们就可以过集体生活了。由此看来，政治问题的解决需要一种与之相应的独特知识。苏格拉底提出的关于最伟大的事物、关于美德作为最重要的事情的问题，实际上是一个政治问题——在所有研究苏格拉底的人中，施特劳斯最清楚地看到了这一点，并加以强调。苏格拉底意义上的政治哲学超越了人的知识，而去询问是什么直接影响了人们的共同生活；它所追问的已经超出了人类的界限，即已经不再是人性的了，但也还没有成为神性的。

苏格拉底式问题所意指的，通过《申辩》的处境显露无遗：如果苏格拉底服侍神的哲学行动没有政治意义的话，他就没必要在雅典人面前为自己辩护。然而，只有当苏格拉底哲学的面貌更清楚地显露出来时，我们才能理解它的政治含义和政治对哲学的意义。

哲学超越了那种手工艺人所拥有的知识，目的是为了完成那些所谓的"最伟大的事物"。但这只是说明，哲学不是手工技艺意义上的知识。但哲学也是一种知识，问题是它是什么样的知识。因为到目前为止，对苏格拉底而言只有技艺显现为是一种知识，所以只有从技艺出发才能解释这个问题。

技艺和诡辩术

在《申辩》里，手工艺人被描写成凭借他们的知识就自负地以为能理解那些"最伟大的事物"的人。这样，他们就犯了高估自己能力的错误：因为掌握了一门特殊的技艺，他们就以为自己在其他方面也特别聪明；然而，他们到底聪明在哪里，对此，可以想见，他们并没有做出思考。这一点上，诗人要比他们高明：诗人不是因为他们创作中的技艺成分而相信自己可以理解那些"最伟大的事物"；他们知识的诉求只能是以神灵附体和灵感为基础，而他们的弱点在于把灵感当成了智慧。政治家的问题更大：按照苏格拉底的描写，他们没有任何根据，却自以为有智慧。然而，如果没有一个哪怕十分模糊的关于智慧的概念，一个人就几乎不可能以为自己有智慧。政治家并没有把他们的智慧归结于灵感，这样的话，以苏格拉底所刻画的政治家的形象，就只有一个可能来理解政治家所谓的知识：即以技艺为参考，但并不把它理解为仅仅是手工技艺。从这种意义上来讲，可以想象的是，政治家在自我评价时会宣称自己拥有一门独特的技能：治国术。因为城邦不是一个与社会截然分开的国家，所以我们最好把它称之为：政治术。

　　宣称自己拥有这类政治知识符合一个普遍的趋势，即把所有人类的行为都理解为能力以及技艺，也就是说可以与手工技艺类比。然而涉及到诸如人类共同体的所有如此高深的事情时，这其中与手工技艺的类比就被掩盖了；取而代之的观点是，人类的知识在于可以实现完成某件事情，因此可以普遍地称之为技艺。苏格拉底却挑衅性地认为，技艺这个概念又可以被归结为手工匠人的知识。

把人类所有的知识都理解为技艺,这种趋势是在公元前5世纪随着雅典的兴起而形成的,并在苏格拉底的时代完全盛行开来。这种趋势在埃斯库罗斯(Aischylos)的悲剧《普罗米修斯》(*Prometheus*)中很清楚地表达出来(库伯[Kube],33—40;迈尔[Meier] 1998, 156—178),而在索福克勒斯(Sophokles)的《安提戈涅》的第二首合唱曲中,给人的印象或许更加深刻。此处,按照沙德瓦尔特(Wolfgang Schadewaldt)的翻译,"在创造性的技能中",人拥有"出人意料的力量"(诗行 366 以下)。人的能力是恐怖的——即强大的和令人恐惧的(deinos)。它包括了外在的自然,以及人类共同生活的形式:即"一种治理城邦的渴求"(诗行 354 以下)。当索福克勒斯在他的悲剧里想要指出这种以知识技能为基础的自信的局限时(努斯鲍姆[Nussbaum],72—75),这可以归因为他同时代人无止境的、未经反思的对技艺的信赖;《申辩》所描述的也与之类似。

克里斯蒂安·迈尔(Christian Meier)把这里谈到的观点称之为"能力意识"(迈尔[Meier] 1980, 230 页)。但能力意识最积极的提倡者是诡辩派的智者①;因而苏格拉底在《申辩》

---

① 诡辩术与智者辞源相同,sophos[聪明的,有智慧的],sophistes[有智慧的人]。

里处理技艺的方式也可以理解为是对诡辩术的一种回应。技艺对苏格拉底哲学的意义和苏格拉底同诡辩派的关系,这两个问题是互相关联的。

诡辩术是一个非常复杂的现象,所以不可能简单地用寥寥数语就令人满意地描述其特征。这方面,人们十分愿意接受柏拉图所刻画的讽刺性的、荒诞而极端的形象。在《希琵阿斯前篇》的对话中,诡辩派可笑地声称自己全知全能;诡辩派智者希琵阿斯在这里被描写成一个无所不能的人物,甚至他身上所穿的,全都是自己生产的(希前,368a - 369a)。在《理想国》的第一卷和《高尔吉亚》里,以忒拉叙马霍斯(Thrasymachos)或卡里克勒斯(Kallikles)这样的人物为标尺,我们会倾向于认为诡辩术总体来看就是野蛮的强力思想的表达。但实际上,怪诞地声称自己什么都可以做(Do-it-yourself),这并不能代表诡辩派的全部;同时诡辩派的思想也不能被简化为鼓吹强者的权利的观点,并因此被解释成是一种浅显的、错误的尼采主义的前身。

首先,智者(sophistes)完全不是一个骂人的词。在更早一些的用法中,这个词与另一个词 sophos 同义,即聪明人或专业人士;之后在苏格拉底的年代,则多用来指"老师"(古特里[Guthrie] III,33 页)。通过柏拉图,但不只是柏拉图,这个词才有了贬义,并一直沿用到今天。

不合时宜的用法也并不总是错误的,它们也经常会传达真知灼见。所以,就像曾经提到的那样,把智者称之为"知识分子",把他们的目标叫做"启蒙",这也是很有启发意义的:智者们是一群自由职业者,以精神劳动为生,而且不属于城邦的集体;他们四处云游讲课,作精彩的演讲来招揽学生——自然是那些富家子弟。他们对那种天真伦理的衰败做出了一些深刻的诊断,并想把他们的学生从蒙蔽的束缚中解脱出来。他们代表的观点是,人在世界上寻找自己的方向时,要运用自己的理智,因为那些习以为常的和行之有效的东西已经失去了指引力。他们身上所集中体现出的能力意识,在公元前5世纪的文化和政治变革中,对他们来说是对如何生活这一问题最合适的答案。尽管城邦的公民对智者们还半信半疑,但当公民们以能力为尺度来理解自己时,他们的思维方式与智者没什么不同。就是因为这个原因,智者才获得了成功。

仅仅这几个特征就表明,苏格拉底在一些方面与智者相似。尽管苏格拉底一直都呆在雅典——《申辩》里他拒绝流亡,从这个角度来看,可以理解为(有意)与智者们的漫游生活区别开来;尽管苏格拉底很穷,他并没有像部分智者那样靠自己的行为赚取大量的收入。苏格拉底并不为钱而施教,《申辩》强调了这一点(申,19d - e),也谈到了他的贫穷(申,38b)。然而,如果苏格拉底与智者派很容易区别开来的话,那么他就没有必要如此明确地突出他们之间的不同。柏拉图把苏格拉底与智者们的争执经常放在他的文本的中心位置,在他重要的晚期对话《智术师》中,他更是试图复杂而深入地用概念来定义智者派的诡辩术。这表明,厘清这个问题在这里有多么重要和急迫。

表面上苏格拉底也是一位导师,教导年轻人疏远城邦里正常的、占统治地位的人生观念,甚至想要阻止这种观念的形成;苏格拉底也有着启蒙的意图,想摆脱蒙蔽的、有问题的思想的束缚——例如他与游叙弗伦的对话就是一个失败的启蒙的尝试。我们越是清楚地看到苏格拉底的思想与智者们的相似,也就越容易看清两者截然不同。《普罗塔戈拉》这篇对话很适合用来讨论这个问题。因为这篇由苏格拉底所讲述的对话的主人公,也就是标题人物,是他的行业诡辩派的一个温和的、聪明的而且宽容的代表人物。

普罗塔戈拉是个温和的智者,主要是因为他明白自己行为的敏感性;他很清楚地知道,公民对智者抱有很大的怀疑(普,316c-d)。他指出,他的一些同行因此会试着把他们真正的兴趣隐藏在其他没有什么危险的事情后面,例如,他们会假装自己是艺术音乐或体育方面的老师(普,316d-317a)。但智者们的真正意旨在于政治。

普罗塔戈拉则认为,针对公民的敌意,更好的保护措施是公开承认自己的政治企图(普,317b - c)。然而,他最好的自我保护其实是根本不否认公民在政治问题上的能力。普罗塔戈拉的治国术是一种政治技能(politike technê,普,319a),当他出场宣称能让人成为好公民时(普,319a),他并没有因此就与公民形成竞争。他们也都能够教育出好公民,也都是美德的教师(普,327e)。普罗塔戈拉不过是想推动促进这个普遍的品质;他作为一个专家,是值得尊敬的,因为他懂得如何让好的变得更好(伽达默尔 7,153 页以下)。

当涉及到政治美德时,每个人都有权发言,这一点苏格拉底在《申辩》中并没有否认;但他怀疑是否每个发言的人都理解他们所谈的内容。然而这么说并不是为那些政治方面的专家和政客们所独有的能力而辩护。苏格拉底并不想接受政治知识也是一门技艺的观点。在同那个伟大的智者(普罗塔戈拉)的对谈中,按照对话所注明的时间,当时还很年轻、大约 37 岁左右的苏格拉底(普,314b),就已经这么想了。从对话的开始,苏格拉底就已经很明显地在怀疑,政治品德是否可以传授。一门技艺是可以教的,但必须是由专业的人士来教授。

普罗塔戈拉则想全力地化解苏格拉底所表示的怀疑,我们不能说他的论证是不好的:首先,他指出了,在集体生活中的每个错误行为都要受到批评,而不是当作自然的或偶然的缺陷做出道歉就可以了(普,323d)。其次,他提出了我们今天称之为"社会化"的观点:城邦本身要求正在成长的年轻人去学习法律,并合法地生活(普,325c-d);这就又回到了他的第一个论点:触犯法律就要受到惩罚,而惩罚可以被理解为是纠正(kolasis),也就是一种教育的可能性(普,326d-e)。

这样一来,普罗塔戈拉就回应了苏格拉底的批判,即在政治事务中,没有专家可以帮助我们来断定问题;如果所有人都有这个能力的话,那么就不需要专家。然而,对于苏格拉底在陈述自己的怀疑时所提及的另一个问题,普罗塔戈拉并没有令人信服的回答。苏格拉底认为,政治品德是不可传授的,因为即使是"最明智的、最优秀的城邦的公民"也无法把他们的品德传给别人(普,319e)。

普罗塔戈拉反驳说,最好的竖笛演奏者的儿子也不一定有同样出众的才能(普,326b)。这种像双簧管一样的木管乐器很难控制演奏,这门艺术也不会像一个习惯或父亲的某种性格传给他的儿子。这个论点有很多问题。首先,普罗塔戈拉从一种特殊的、只有少数人能掌握的技艺来解释政治术,这种所有人都可以掌握的、因而非同寻常的技艺。更重要的是,他前后不一致,与之前的关于在政治关系中的错误行为要受到批评的观点相矛盾;他认为,当一个人没有为善的真正的才能时,人们应该为他感到遗憾,而不是批评他。

尽管如此,苏格拉底好像还是被这位思想和语言上的大师才华所迷惑了(普,328d),以至于他并没有注意到普罗塔戈拉的自相矛盾,甚至好像要放弃自己的怀疑:以前,他经常以为,好人不是因为自己的努力而成为好人,但现在他相信了(普,328e)。苏格拉底接着补充说,还有一件小事他不明白:普罗塔戈拉说到了不同的品德,但好像是它们加起来才是一体,即品德自身(*die* Tugend,普,329c);他想知道情况到底是怎么回事。

如果我们更仔细地阅读柏拉图的文本就会知道,苏格拉底虽然嘴里声称,这是件还没有解决的"小事",但这不过是他装出来的无辜而已;小事经常被证明是最重要的,我们马上就会看到,这里也是如此。但这样一来,苏格拉底说普罗塔戈拉的演说是令人信服的,这种说法也就变得可疑。如果最重要的还在后面,那么这里的认同也就会随之要在另一种不同的视角下被重新理解了。

在这种不同的视角下仔细考察这个问题,我们就有理由确信,苏格拉底在前面争执中的主要方面并没有做出让步;美德可以被传授,这一点他并不接受。他是否曾经以为,美德不需要"人们的努力"就可以获得,这令人怀疑——否则的话他就得接受普罗塔戈拉的观点,这是为了解释教育的失败而作为救急的方案所提出的:美德那么就必须得是一个自然的天赋,而不是其他;这样的话,普罗塔戈拉的论断就有可能是正

68

确的,即对政治上错误的行为的批评,人们就不能解释或辩护。

因为苏格拉底并不接受普罗塔戈拉这个观点,那么对于美德是否可教的问题就只剩下了一个答案:美德或许不可被传授,但它不通过人的努力是没法获得的。面对这位伟大的智者对于教育方面的乐观,苏格拉底深表怀疑;但同时他又明确地认同普罗塔戈拉所说的一切,尤其是关于善行与恶行的责任和是否有罪。尽管在最重要的事情上有分歧,苏格拉底与普罗塔戈拉还是能一起交谈,因为他们都关心的是如何改变政治。他们都想要重新提出城邦里的正确行为的问题,而当他们的思想在这里完全分道扬镳时,他们的共同出发点就被掩盖了。通过巧妙地绕过他们之间的明显分歧——他把对他来说最重要的事情称之为小事——,苏格拉底就以遮掩的方式让对话得以继续。苏格拉底其实知道,什么问题对他来说是最重要的。在这种前提下,他隐瞒了自己的问题和知识。

这一点值得我们注意,因为伪装,反讽(eironeia)①是苏格拉底行为的一个本质特征。与之相关的是,人们几乎不假思

---

① Eironeia,希腊语意为隐藏,假装,隐瞒。这里指苏格拉底装出来的无知和谦虚,故译作反讽或具有讽刺意味。

索地就把柏拉图的文本当作了对苏格拉底形象真实的刻画，而色诺芬的则不那么令人信服：色诺芬的苏格拉底就从来不会反讽。如果柏拉图的具有讽刺意味的苏格拉底形象要比色诺芬笔下老实的、不时地想确认自己观点的苏格拉底更有说服力，那么这就再次说明了，苏格拉底并不是像人们有时候认为的那样，是一个哲学意义上的不可知论者。如果说苏格拉底隐藏了自己的知识，那么知道自己无知，这句话也是有反讽意味的。

在《普罗塔戈拉》中，苏格拉底隐瞒了自己的知识，并刻意弱化了这个问题，即是否只有多种不同的品德，还是不同的品德之外有个"一"这个问题——也就是说是否它们同属于一个且唯一的品德。这个问题在这里至关重要：只有这个问题有了肯定的答复，才可能称一个人为有德行的，才有可能不加任何区分和限制地把他称之为"优秀的"。也只有这样才能排除存在某种特殊品德的专家的可能性——如游叙弗伦那样的专家。

游叙弗伦的例子说明了，为什么对专家型知识的反驳与整体性品德的观点，这两者是紧密相连的：在虔诚问题方面是个专家，但如果与其他的行为方式并不协调一致，那么这本身没什么价值；没人可以一边声称自己是虔诚的，同时却蔑视自己的父亲——即使这样符合虔诚的规则和习俗。当苏格拉底追问品德的同一性时,他考虑的是品德本身是什么;他想澄清的是,人们如何可以以好的方式生活,如何可以成为一个好人。这里的问题是如何通过"人性的努力"而成为好人。

这个问题是苏格拉底思想的核心所在,这一点没有人质疑。西塞罗的格言,哲学被苏格拉底召唤到地上,就是以此为基础的。然而如果情况真是这样,那么就还得走出关键的一步,而这被许多批评家认为是很成问题的:如果苏格拉底所关心的问题是好人是凭什么成为好人的,那么就会引出苏格拉底的理念论(Ideenlehre)——要么理念论存在,要么苏格拉底的善的问题就会被简化为色诺芬笔下人物的道德上的诚实。①

苏格拉底的理念

在《普罗塔戈拉》中,理念这个通常(在德语里)被翻译为观念(Idee)的希腊词,作为术语并没有出现;按照通常所接受的有关柏拉图对话的时间顺序,最早的有关理念的假设出自比《普罗塔戈拉》晚一些的《游叙弗伦》。苏格拉底向他的谈话

---

① 善,agathos,希腊语中不仅指道德意义上的善良,也可表示事物、人生、城邦和宇宙的良好。本书中的翻译视上下文而定。同理,反义词 kakos,也不只是恶的意思,也可指丑陋、低劣和坏。

伙伴提出了一个挑战性的问题:什么是真正的虔诚。然后他说道:"难道虔诚不是在所有的虔诚行为中都一样,并与自身保持一致,而不虔诚尽管与所有虔诚的相反,但也是与自身保持同一,因为所有不虔诚的行为都有一个符合不虔诚性的理念形式?[①](游,5d)过了不久,苏格拉底又提起这个话题:"你还记得吧,我没有要求你给我讲述一两件虔诚的行为,而是虔诚这个概念本身(eidos),通过它,行为才是虔诚的。你自己也说过,不虔诚和虔诚都因为有各自的理念形式才是其所是;还是你已经不记得了?"(游,6d-e)哲学意义上的观念或概念(eidos)和理念(idea)这里可以看作同义词,尽管在《普罗塔戈拉》中,它们没有出现,但所涉及到的思想却是存在的。因为《普罗塔戈拉》在这个问题上比《游叙弗伦》更深入,或许首先讨论一下刚引用过的《游叙弗伦》里有关苏格拉底的理念的观点更恰当。

当苏格拉底谈及虔诚和不虔诚的理念和形态时,其用意可以这样来解释:如果有客观的理由来把不同的行为称之为虔诚或不虔诚的,那么它们本质上就一定有一些相同的东西,而不是只是表面上相似而已。表明上的类似根本无助于理解

---

① 本书的作者这里参考了施莱尔马赫的译本,用德语的 Gestalt(形状,格式塔)来翻译希腊语的理念,idea。idea 这个词与观看有关,而另一个表示理念的词 eidos 原意为事物的外貌轮廓。

这些行为：两个看上去相似的行为其实可以有根本上的区别。同样的形式或理念的说法则指向行为的存在，即指向它们真正是什么，以及如何理解它们的存在。①

苏格拉底所关注的是两方面：在对谈过程中，他想首先劝阻游叙弗伦，不要列举具体的例子来回答什么是虔诚的问题——这里的例子都是出自诗歌。在《美诺》里，有个相似的对话。在讨论到美德时得出结论，如果只是列出某个事物发生的各种情况，就无法回答关于它是什么的问题；我们能够确认一种行为是有道德的，就已经预设了我们知道什么是道德或品德。其次，苏格拉底通过坚持追问是什么的问题，好像主要是想对某事是什么作出定义。从特殊到普遍这条路和普遍的定义，正是这两方面被亚里士多德看作是苏格拉底对哲学的真正贡献："人们有理由把这两件事归功于苏格拉底：归纳论（epaktikous logous）和普遍性的界定（to horizesthai katholou）。"（形，XIII 1078b27—29）

毫无疑问，苏格拉底哲学的一个重要方面就是归纳的论证方式。《游叙弗伦》、《美诺》以及其他对话录为此提供了足够的证明，这些对话都演示了如何通过思想的运动从个别的和特殊中摆脱出来；这样的运动属于苏格拉底思想的本质属

---

① 存在这个词，Sein，也可翻译成存有、是。

73

性。亚里士多德经常被作为一个可信的见证人来引用，来证实这一点，而他是反感所有形式的风格化的，所以是可信的。

对于"普遍的定义"或"界定"来说，也同样如此；没有柏拉图文本的读者会想否认，苏格拉底追问的是"定义"。为此，我们还可以以色诺芬为依据（回，I.i.16）。不过奇怪的是，苏格拉底对于某件事物是什么的问题其实从来没有给出一个令人信服的答案。

这就给不同的解读留出了余地。一种观点认为，存在一个令人信服的答案，它只不过被隐瞒了——或许是苏格拉底不想让他的谈话伙伴因此就省去了反思和追问的过程，或许是柏拉图在考虑到他的对话录的读者时也有了同样的想法。另一种观点则认为，没有如此简单准确的答案，苏格拉底至多不过是想揭露虚假的知识，以及展示不断努力的必要性。这两种解读都不令人满意。第一种情况必定会使人得出这样的结论：苏格拉底不过是在做一个以教育为动机的猜谜游戏；在第二种情况下，追问是什么的问题就失去了严肃性，而在《申辩》的文本中，在涉及到美德时所提出的要过有德行的生活的要求是，这个问题无疑是很严肃的。

也就是说，只剩下了第三条路：很明显，重要的并不是去直接准确地定义亚里士多德所说的那些"伦理品德"（形，XIII 1078 b18）。尽管如此，谈话中所讨论的事情的本质是确定的,应该以确定性的形式被认知。《游叙弗伦》的戏剧场景明显地表明,一个不虔诚的人,也就说不出什么是虔诚,这不出所料;像苏格拉底这样,将自己的生命和思想都理解为服侍德尔斐之神的人,他必须和所能说的,也只有这么多了。如果游叙弗伦能够理解苏格拉底的话,那么他就会立即理解虔诚的理念的问题;因而,他也就能理解这里所谈到的一切问题和苏格拉底想要表达的东西。

如果游叙弗伦是真的虔诚,那么他就会知道,所有他的行为从虔诚的角度来看都应该是协调一致的——而且他不用经过复杂的核实,直接就可以清楚这一点。从虔诚的角度来看,他也应该是与自身保持一致统一的。但是游叙弗伦甚至没有注意到,他自己并没有这种宁静的和谐,他反而指责他的谈话对象苏格拉底胡说八道,混乱无章(游,11b – e)。

理解了虔诚的理念并不就意味着能给出虔诚的定义;与被理解的理念相比,定义至多不过是一种说明而已,而且作为说明,定义要低于所涉及到的事物的本质。关于一个理念的知识,虽不明显,但却引领和承载着具体的行为;这种知识的作用方式就如开汽车时,司机很自然地知道如何协调每个运动,轻松而毫不费力地驾驶,并因此能把注意力集中在交通的要求上面。想把这期间所发生的用定义来确定把握住,则很可能是很费力的事情;并不是每个懂如何安全地开车的人都能够描述他的行为,而且即使描述相当复杂,最终也都不够充分。苏格拉底的理念知识不是命题性(propositionales)、用判断句(Aussage)可以证明的知识,按照在柏拉图研究中由维兰德(Wolfgang Wieland)所引用的区分来说,理念知识是非命题性的知识(维兰德,224—236)。当亚里士多德说,苏格拉底把品德当作知识时,这是有道理的;但他的另一个观点则很成问题,即苏格拉底因此就把品德等同于概念定义(Logoi)(尼伦,1114b28)。

现在也就可以更容易地理解《普罗塔戈拉》中关于品德的一致性(Einheit)①的问题的用意所在。从结构上来看,这个问题与虔诚的理念的问题没有什么分别。这里也是首先确立了一个同一视角的有效性,从这个视角出发才可以理解不同事物的共属一体(Zusammengehörigkeit),而且更重要的是,这样才能让它们在共属一体中真正存在。但品德的一致性的问题并不仅限于此。具体的、单个的行动只有经过被人们叫做"虔诚"的东西的统一浸染,才可以让人作为一个虔诚的人显现出来;而(总体性的)协调一致(das Zusammenstimmende)并不应该只是具体的行动。不仅如此,品德的一致性的问题的目的还在于,使人们的行为和行动在这种独特的浸染之外

---

① Einheit,意为一、一致性、统一性和整体性。

还能够协调一致起来。

在《游叙弗伦》中,当苏格拉底在引入了虔诚是正义的一部分这个思想时(游,12d),就已经在这个方向上努力了。我们只需把这个思想运用到游叙弗伦这个例子上,就可以看到这意味着什么,并作出对话录里并没有作出的相应结论:如果游叙弗伦针对他的父亲的行为是不公正的,那么在虔诚是正义的一部分的条件下,也就不可能是虔诚的。品德的一致性指向的是行为的一致性,所关涉的是一种不能分为单独孤立的责任和义务的约束力。最终的问题可以归结为,善何以成善——也就是说善的理念的问题。

在《普罗塔戈拉》里并没有直接谈到善的理念,实际上所有其他的对话都没有谈到,除了《理想国》。然而在这篇对话录里,善的理念以一种很明显非常不符合苏格拉底的方式被定义为"一切的基础与开端"(理,511b)。而谈论善的理念的苏格拉底好像完全变成柏拉图式的了,因为柏拉图人物刻画的笔触痕迹已经覆盖并超过了苏格拉底本人的样子。

但事情并不是这么简单。有关柏拉图对苏格拉底的风格化的塑造,这方面可以援引沃拉斯托斯作为我们的同盟者;沃拉斯托斯这样言简意赅地评述《理想国》:"对苏格拉底而言,对善的渴求(在这里)同在早期的对话里一样。"(沃拉斯托斯,1991,86 页)他引用了一段话作为例证:善就是每个灵魂都去追求的,并为此愿做出一切(理,505d - e)。当然这并不意味着,善这个观点在所有方面都与早期对话里的相同。然而,在几个核心方面,它都一定还保持不变,因为这里,苏格拉底的谈话方式和以前一样。

而在《普罗塔戈拉》里,苏格拉底就已经以同《理想国》相似的方式讨论问题了。在一段很长的、复杂的对话过后,苏格拉底在对话录的结尾又回到了一直悬而未决的问题,即美德的同一性(普,349a - b),并走上了一条相当不同寻常的道路。很明显,他不假思索地就把善等同于乐趣,①这就好像与他在《申辩》以及其他地方(如《高尔吉亚》和《理想国》)所展开的观点相矛盾;按照那里的观点,人们不应该关心那些出于兴趣而想要的——如财富、名誉和声望等,而是只应该在意自身的品德。然而,《普罗塔戈拉》这里并不是记录或发明了苏格拉底哲学生涯中的一段享乐主义时期。恰恰相反,这种挑衅性地把乐趣等同于善——这其实受到了普罗塔戈拉的极度的质疑——实际上是为了证明,即使某人的生活以快和痛苦的区分为基础,并满足于此(普,354e - 355a),他依旧要作出好与坏的区别;即使是表面上他把乐趣与善视为相同,但最终还是

---

① Lust,对应希腊语的 hedone,意思是乐趣、快乐、舒适、趣味和享乐。反义词,lype 或 ania,意为痛苦、疼痛、折磨、不适等。

善(好)才是他所追求的,是他所做的一切的目的。

为了显明这一点,苏格拉底指出,人们为了愉悦与舒适的原因,可以决定接受不舒适、痛苦的东西。在乐趣等同于善的前提下,人们可以为了好的原因而做坏的事情。然而,人们可以说,这样因为受了善的刺激的引诱,而做了让人不舒服的坏事,那么善也就配不上克服恶而取得的胜利了;这样的观点的前提是,人们眼前的乐趣的吸引力十分强大,人屈服于它也就没法真正做出自己的决定了(普,355c - d)。现在,苏格拉底只需要引入一个考量决定舒服与不适的标准,来表明即使以乐趣为取向也同样依靠见解和知识:当人们不想让乐趣决定自己时,也就不会允许它决定自己。

当生活由乐趣和痛苦来决定时,苏格拉底认为,判定的标准是由一种"测量术"(metretikê technê)给出的,它能抵抗"现象的力量"(hê tou phainomnou dynamis)(普,356d)。通过这种测量术,人们可以在不同数量的乐趣与痛苦间衡量取舍,只要痛苦没有被理解成通往享乐的手段和途径(普,356b)。在后者身上,这更加明显:在选择现在还没有到来,甚至有可能很久之后才能得到的乐趣和享乐,像这里强调的那样,只有出于洞见才有可能。

这就显出了好与乐趣之间真正的区别:当人们认为将来的某种乐趣是好的,并在现在为此而受苦,甚至是承受疼痛,那么将来的乐趣这里并没有直接影响决定,因为乐趣还没有被感受到;但乐趣仍很有可能被当作是好的,它可以是好(善)的一种有效的解读,但不是真正的好,更谈不上是唯一的了。所以,在把乐趣等同于好这个思想实验的结束时,苏格拉底也承认,谁要是知道有比乐趣"更好的",也就会自然以它为目标(普,358b-c)。然而无论如何,能决定人们计划和行动的,都被认为是好的事情;人们为此而行动,并愿意为自己认为好的事情的实现而做出一切努力。所以苏格拉底说,没人会自愿犯错误(申,25d-e;普,345d-e;高,466d-467b),这普遍被当作是苏格拉底思想的核心组成部分;人们总是按照最好的知识行动,因而就如同亚里士多德所说的那样,对苏格拉底而言,就没有有弱点的意志(尼伦,VII,1145b25-27)。

在《普罗塔戈拉》中,快乐与善被尝试性地等同起来,这在另一方面也很有启发性。因为它表明,人们不是简单地就能做"善的"事情。善本身并不是决定和行动的目标,而是有些目标是善的,有些则不是。因而善本身是很难懂的,甚至是不可理解的。再次用《理想国》里的一段完整的引文来说,善便是"每个灵魂所追求的,并把它当作全部行为的目标,隐约地预感到它的存在,但对此并没有把握,因为不能准确地了解善究竟是什么,并在稳固的确信中体验到善,所以同时也错失了其他有用的事物"(理,505e)。

这里说的"其他的"，应该指的是品德和与之相关的行动。之前我们曾提到，善的理念是最大的知识，只有通过它，正义和其他善的理念除了自身以外所需要的，才能成为有用的和有益的(理，505a)。这些其他的只有在被认为是善的时候，人们才会去做：善构成了决策和行为最终极的严肃性。人们提出某事是否是善的问题，就是想知道是否应该真正严肃地去做它；在这里，人们不满足于某事是否只是看上去有利或如何，而是想弄清楚它是否真的如此(理，505d)。谁追问善，也就是在清楚明确的生活中去追问，怎样才能让所做的一切在这种清楚中保持和谐一致；所有行为的目标和行为方式必须在这一点上协调统一，即对它们中的每一件都不能满足于表象。

因此，有关善的问题其实是追问生活的一致性，而这种一致性本身既不能在行动中获得，也不能从事不关己的距离中被经验和判断。苏格拉底为什么反驳智者有关美德可以传授的观点，现在就清楚了：善究竟意味着什么，这是不可传授的；美德的不可传授最终要归结于善的理念的独特地位。因为善归根结底命名的是生命不可支配的整一性，所以善很难"被充分地把握"，而灵魂，也就是人的生命本性①，也只能"隐约地

① 本书作者 Figal 教授把古希腊的 psychê——通常翻译成灵魂 (Seele)——理解为人生命的本性、生命性，Lebendigkeit，不是人死后的魂灵。

预感"到而已。这种感知古希腊语叫做"apomanteúein",意思是"接纳神圣的灵感"。善就被理解成超出凡人的了,只有身处其中,并通过它,人们的生活才能达到统一而清晰。善的问题是从哲学上对人的知识的超越。追问善才是真正服侍德尔斐之神。善的理念才是德尔斐神谕最终的哲学含义。因此很自然,当苏格拉底在《理想国》里向他的对谈伙伴格劳孔说善的理念是最高的知识时,其实格劳孔已经听说过多次了(理,504e)。苏格拉底到处这么讲,即使有时没有明显地说出是善的理念,所以格劳孔肯定不止一次听过这种说法。

在《普罗塔戈拉》里集会的智者们,他们在这场伪装成享乐主义的思想实验中也听过这个观点,而苏格拉底也不失时机地指出他的这个核心思想的含义。他在这里说道,**成为**(werden)一个好人已经很难了,但一段时间内还是可能的;而成为好人之后,坚持**是**(sein)好人则不可能①,因为超出了人的范围了——只有神才配得上善这个荣誉(普,344b - c)。因为如此,善则经常需要在被认为是善的事物上展现出来;然而为了这种展现能够容易被理解,需要一种稳固的方法,来检验那些被认为是善的是否是真善。这就体现在《普罗塔戈拉》

----

① 这里隐含了苏格拉底哲学的一个二元对立,即变化生成与存在之间的区别。

里有关乐趣与痛苦的测量术。这种测量术指明了,一种生活只有在知识的指引下才是以善为依托的(普,356e)。

苏格拉底把这样的检测方法称作一门技艺,我们没必要为此而感到疑惑。苏格拉底并没有走回到智者派的老路,接受他们的关于集体生活的技艺,即政治术的立场,也没有私下里转而同意美德是可教的观点。这里说的测量术恰恰是不教人应该如何回答善的问题。在它之前还有更重要的,而且是不能用技艺性的努力就能制造出的结果。生命的严肃性从整体上来说是不能被传授的。涉及到生活方式,或许有一种类似技艺的知识,但真正起决定性作用的,却不是我们所能支配使用的。

知识的意义还在另一方面受到了限制。普罗塔戈拉在对话的结尾也逐渐接受了苏格拉底的德性一致性的观点,之前他还是坚持德性的差异性(普,329d‐330a;349b‐c)。然而,他还是想至少保留住勇敢的独特地位(普,349d)。这样导致了勇敢的规定非常不理想;而这突出了一个十分重要的问题。苏格拉底这样说道,勇敢是有关什么是可怕的(deinon),什么是不可怕的知识(sophia)(普,360d)。这种观点没错,但还不够;因为勇敢不仅在于知道可怕及其反面,并将其区分开来,而且还要在面对可怕的事情时采取某种态度和行为——这是普罗塔戈拉在强调勇敢的独特地位时想要表达的。当然,这种强调是片面的,因为它忽视了勇敢中知识的作用,但它并不是完全错误的。

如果按照知识来规定美德，就很容易变得空泛。苏格拉底在另一处表明，他是知道这一点的。尼基亚斯（Nikias）在对话录《拉克斯》中把勇敢规定为有关过去、现在和将来的好与坏的知识之后（拉，199b-c），苏格拉底对他提出怀疑：这样不仅是规定了美德的一部分，而是定义了全部的美德（拉，199d-e）。

如果我们满足于这种对美德整体上的规定，那么我们就不能够理解，在特殊的情况和条件下，采取有德性的立场和美德意味着什么。区分"勇敢"、"正义"、"虔诚"和"理智"是必要的，因为这样才能具体地说出人的美德和善在哪里。这每次具体是什么，在苏格拉底的谈话中并不能找到答案，但这不是得出以下结论的理由，即苏格拉底没法应付具体情况。对于品德优良的人，这里的答案不言而喻：（具体的品德和善）是源自经验的态度；他们不仅行动上合乎美德，而且就是美德本身。在这篇有关勇敢的对话中，与苏格拉底对谈的是两位雅典的将军，如果说他们不知道什么是勇敢的行为，这会是对他们的诋毁。但是他们只能用特殊的例子来描述。

苏格拉底对这样的例子并不满意，因此才产生了那些关于美德的对话。尽管《拉克斯》的结果并不是很糟糕，而且完全是按照苏格拉底的策略和思想来展开的——他追求的是普遍性。但这么做的意图无非是想在有意识的和严肃的生活关系之中,指出具体行为在由知识所引导的关系中的价值,而不是蔑视具体性。因为什么在现在某一特定的情况下是勇敢的,什么不是,只有处于这种情况下的人才能决定;也只有熟悉相关情况的人才能决定。这里也体现了一种知识——但这种知识很难脱离开生活,其决定性部分更是不可能的。这样是因为这种知识根植于经验之中,也就是说以人如何对待他的作为一个整体的生活以及善的理念为基础。

在《普罗塔戈拉》这样一篇即使是对怀疑论者来说,也是很典型的苏格拉底式的对话录当中,我们可以看到,离开了理念论就没法理解苏格拉底。然而,如果把所有柏拉图对话中关于理念问题的论述都归于苏格拉底,这也是不恰当的。也就是说,现在所要做的是要理清苏格拉底理念论的界限在哪里。同苏格拉底式哲学之形象一同出现的也是作为样模①的柏拉图式哲学。

苏格拉底理念论的界限

苏格拉底理念论的核心是善的理念。没有它就很难理解

---

① 这个比喻的含义是,从苏格拉底这个人物形象的塑造可以反过来推出柏拉图的文学和哲学上的意图。

为什么苏格拉底一方面把品德视为知识——这被亚里士多德认为是苏格拉底的原则(尼伦，VI 1144 b17 - 21)——，另一方面却否认品德可以传授。没有它也就同样不能理解苏格拉底哲学中的另一句很重要的话，即没人有意犯错误。然而，苏格拉底思想的独特处也在于，善的理念除了《理想国》，别的地方并没有被提到。按照苏格拉底平时对理念的理解，善的理念则是种极限情况(Grenzfall)，《理想国》也表明了是这样。

善的理念是理念的一个极限例子，因为善体现了非常独特的统一：它的一致性(Einheit)和促成一致性的品质作用于所有行动和行为，但同时行动和行为的特殊的规定性(Bestimmtheit)就没法显现出来。相比之下，在《游叙弗伦》中所讨论的虔诚性则不同：谁理解了虔诚的理念，也就会知道在某一特定方面如何正确行动；尽管这里发挥作用的知识没有划定的对象范围——游叙弗伦可疑的行为(作为反例)已经被驳斥了——，然而这种知识是经过一种特有的视角所标识出来的，好像被染上了一层独特的光，而且基本上是表现在特殊具体的情况下。

在《游叙弗伦》中，苏格拉底还证明了，他把虔诚理解为生活经历过的理念知识，这并不是简单平庸的观点。他的对谈伙伴还远远没有拥有这样的知识，这一点可以从他(游叙弗伦)不假思索地就援引流传的诗歌中可以看出。从《美诺》我们也可得出类似的结论:苏格拉底费了很大力气才让他的对谈伙伴逐渐接受美德作为知识的观点(美,87c－89a)。问题的关键在于,苏格拉底关于知识的概念并不是自然地就属于美德这个领域的,但他却要在这个领域里展开和阐明这个概念。

《申辩》揭示了,知识这个概念本来的位置之所在,即在技艺里。因为只有技艺被苏格拉底认为是有效的知识,这样就显出了苏格拉底哲学的特殊处境:苏格拉底一方面以技艺性的知识为参照,另一方面却把道德知识同技艺区分开来,并否认道德知识的可传授性。其中的原因在于,一种知识之所以能够被称为道德知识,是因为它处于善的光照中。

苏格拉底以技艺为参照,把品德理解为知识,《高尔吉亚》——这篇即使是对纯粹派①的代表沃拉斯托斯来说也是苏格拉底式的对话——为此提供了最清晰的证明。苏格拉底因为在这里谈到了鞋子和类似的通俗的手工器具而遭到批评(高,490e)。但批评他是没有理由的,因为手工艺人在工作中所运用的知识是解释清楚什么是真正的美德的前提条件。

苏格拉底同年轻的、受过智者派训练的卡里克勒斯关于

---

① 沃拉斯托斯在真正的苏格拉底和柏拉图式的苏格拉底之间作出严格区分,故被称为纯粹派或纯正主义者(Puristen)。见上文第一章第二节。这个词在这里没有清教徒的含义。

正义与非正义、过度和自控进行了很长的争辩。在辩论的结尾，苏格拉底说："如果一个好人是以至善为谈话的目的，他就不会毫无计划地、盲目地乱讲话；那么他难道不是盯着自己眼前的目标，如同其他手工艺人看着自己手里的工作一样吗？他们当中没人会无计划、无目标地随便准备一些东西来完成自己的工作，他们是为了通过自己的工作来让自己手里的活获得一种形式。例如，你可以看那些画家、造船工以及其他手工艺人，无论是谁，他都想把自己所制作的秩序化，把不同的部分同其他部分配置在一起，并使它们彼此协调，互相适应，直到最后产生出一个统一的、有着美的次序的整体。同这些我们刚刚讲到的手工艺人一样，那些与身体打交道的人，如体育老师和医生，他们给身体带来秩序和美感，并让各部位形成有秩序的关联。"（高，503d－504a）

　　要想理解这段话的含义，就要考虑一下苏格拉底所描述的制作过程的细节。对于任何一门技艺来说，能够完成制造出产品或作品（ergon）都是很重要的——但这并不意味着一定要生产出物品，体育老师和医生的例子已经说明了这一点。苏格拉底把产品这个概念理解得很宽泛，其中决定性的标准并不是制作出一件能独立存在的、可以使用的物品，而是整理秩序（ordnen）：生产实际上意味着秩序化，而产品本身可以通过它的具有美感的秩序而被识别出来。"美丽的秩序"本义是宇宙，因为宇宙自身就是一个美的秩序(schöne Ordnung)。

生产的完成过程意味着带来秩序，并把不同的部分同其他部分整合在一起。因此，人们在这里首先想到材料的准备和组合不是没有道理的。而医生在治疗病人时同样要做到整合，他的方式是让不听话的器官恢复应有的功能，并重新成为身体具有美感的秩序的一部分。要做到这一点，医生必须熟悉身体的健康状态；在他开始工作前，就已经知道了应该朝哪个方向努力。

每一个掌握了一门技艺的人都应该如此。要想制作出一张正式的桌子，我们必须先知道什么是真正的桌子。我们眼前有一张桌子，这还远远不够——否则的话人人都可掌握木工的技艺了。即使研究了如何拆卸一张桌子和组装它的各个部分，也还不够；一张做好的桌子的各个部分之间是已经协调校正好了的，所以不需花费太多气力就可以重新组装起来。木工的技能不在于装配，而是通过协调材料使来组装成为可能。当他开始制作桌子时，头脑里的那个整体(概念)在协调的过程中是起着主导作用的。

这个起主导作用的随着产品的完成而显现出来，苏格拉底把它称之为形状(Gestalt)，eidos。而工匠们在工作开始时就(在脑海中)"看到的"正是产品的形状。所以，形状并不主要意味着可以看到的形状，而是指预先知道的秩序，这种秩序规定了可见物,其规定性(Bestimmtheit)使它可以被理解。形状就是理念,一旦(在产品中)实现后,人们就可以从可见物中看出并理解它。然而,一个手工艺人必须先理解形状是什么,这样才能把它转化成可见的。

在《高尔吉亚》接下来的一段里,生产出已经被理解的形状的这个思想被苏格拉底进行了转化,从中引申出了人的美德的这个思想。这其实很容易,因为这个通常被翻译成美德(Tugend)的希腊词,aretê,一般是指某物的最好状态。苏格拉底谈到过日用品、身体、灵魂和一个完整的生物体的品质(aretê)(高,506d);他的意思是,在这些事物中,构成了某件事物特定存在(das bestimmte Sein)的秩序以最好的方式显现出来。好的生活并不是一门技艺的结果,因为生活不是以一个特定的理念为根基,我们也不可能通过生产制造来实现这个理念。生活的整一性超出了人的知识范围,尽管如此,通过与技术意义上的技艺的类比,可以帮助我们理解某种好的生活的特定形式。

而这个类比才显出苏格拉底的理念论是很明显与一种知识连在一起的,这种知识体现在实行过程中(Vollzug)——比如说生产制造(Herstellung),比如说行动——,而不是命题性的(propositional),或者通过语言来论断事物关系。这样,苏格拉底思想的界限就凸显出来,其中的一方面可以这样来描述:苏格拉底(的思想)没有走出生产制造和行动的模式。或者说,苏格拉底的哲学不是科学性的;它的目的从来不是为了研究和定义现象。这一点可以在柏拉图文学性的表现艺术的不同可能性中看出来。

第一个例证是《理想国》。就像上文曾经提到过的,苏格拉底是以什么是正义这个问题开启了这场哲学对话,这对即使是纯粹派的苏格拉底研究者来说,也是一种苏格拉底哲学的非常有原创性的展现方式。这个问题然后是以一个很长的思想实验(Gedankenexperiment)的形式得以阐释的,即在思想中成立一个城邦,这就在主导思想上与《高尔吉亚》相符。实验的开头是这样说的:我们既可称个人又可称城邦(Staaten)①为正义;当为了更好地理解个人的正义而去追问城邦的正义时,这就恰好已经预设了苏格拉底在《高尔吉亚》里所展开的观点,即以不同的方式得以实现的秩序结构是很接近的。正义是个人生活以及由个人组成的集体生活的秩序;它既是灵魂的秩序也是城邦的秩序。

如何更准确地理解灵魂与城邦之间的一致,在这个问题面前,苏格拉底却有所保留。在建立城邦的思想实验中,城邦

---

① 这里作者用的是德语词 Staat,意为国家,而不是希腊语的 Polis[城邦]。不过为了行文一致,这里依旧翻译成城邦,而不是现代意义上的民族国家。

被划分为三部分：统治者、卫士和公民。在这之后，很自然地就可以把这种三重划分用到个人的灵魂的划分上。这样做是不是以及如何可能，对苏格拉底来说是个"难题"（理，435c，phaulon...skemma）；解释这个问题实际上需要走一条更宽、更长远的路(makrotera kai pleion hodos)，才能令人满意，达到目标（理，435d）。然而接下来走的却是更短的路，来讨论和决定灵魂是否有三部分的问题，因此也就不那么精确。尽管这里的区分比早期对话要更细致，在灵魂中，知识占统治地位的这个基本思想在《普罗塔戈拉》里就已经提到了（普，358c）：谁能克制自己，那么他的灵魂也就一定（在结构上）是有所区分的。

苏格拉底直接声明，同意走这条更短的路，他说他对此十分满意（理，435d）。然而后来，苏格拉底又重新拾起这个话题。他现在更明确地强调，这条更短的路是不够的，因为这条路无法达到最高的、最大的知识目标（理，504d）。这里谈到的自然是善的理念，而苏格拉底自己也同样承认，他的思想没法接近对善的令人信服的理解。

这既不是谦虚，也不是反讽；苏格拉底这里没有隐藏什么知识，好像他在其他场合，与其他谈话对象就可以表达这种知识似的。他其实就是简单地说出了真话。因为按照上文讲过的，对于善的令人满意的理解是取决于如何令人满意地解释灵魂与城邦的一致。这就不是苏格拉底思考的事情了,柏拉图的《蒂迈欧》表明了这一点。

《蒂迈欧》在思想上延续了《理想国》,在文学布局上则接续另一个对话,这里讨论了同《理想国》相似的问题。按照苏格拉底的描绘,这个对话想象了一个没有政治生活的理想城邦。想象这样的城邦就像只是画了一个美丽的生灵,或是在观察一个是真的、但静止不动的生灵;在这种情况下,苏格拉底非常有兴趣想看一下这个在思想中建立的城邦如何动起来(蒂,19b)。如果我们回过头来看一下《理想国》就会清楚这里的关键是什么:如果我们把灵魂(psychê)理解为生动(Lebendigkeit),那么这里追问的则是城邦的灵魂,这样就回应了《理想国》里没有解决的一致性问题:要想理解个人与城邦的一致,就必须先指明什么是城邦的灵魂。

然而,《蒂迈欧》所涉及的远不止这些,对话还讨论了(世界)整体的本性(physis tou pantos)和宇宙的生成(kosmou genesis)(蒂,27a)。其中又谈到了灵魂的结构,以及在《理想国》里所引入的灵魂三部分的划分。但对所有这些话题,苏格拉底都没有作出任何评论。

蒂迈欧在其讲演过程中所展开的灵魂定义的要点在于(蒂,35a - 36d),灵魂是同(Selbigkeit)、异和存在组合而成的。同、异和存在是理念,而且是《智术师》里被叫做“最重大的理念"(megista genê)（智，254c）。

之所以叫"最重大的"理念，是因为没有什么不是在它们的光芒中才得以显现的①。这特别是指那些在苏格拉底哲学中不曾出现过的理念，因此对待和思考它们的方式也应该完全不同。用这些理念可以发展出一套有关世界整体的语法以及相应知识的概念。只有依靠这些理念才可真正理解，善是如何展现了灵魂的秩序的。以重大理念为指引，苏格拉底对此并不熟悉，因而他也就不能真正令人满意地展现善的理念。

在《蒂迈欧》和《智术师》里所出现的有关理念的思想与苏格拉底的思想主要区别在于，这里的理念不再与现象对立了。这种对立在苏格拉底那里几乎自动就产生了，而且是由于他以技艺为范例的思考倾向：谁掌握了一门手艺或技艺，按照《高尔吉亚》的说法，他在头脑中所"看到的"是事物的理念，这个理念然后通过生产的过程而变成可见的产品。尽管可见物的确定性的存在是以其理念性的秩序为基础的；但这样的秩序还是与可见物是有区别的，因为它是不局限于仅显现于某个特殊的可见物中的。一个木工可以做很多桌子，因而就是以多样的方式展现了一个理念（理，597a）。这里就涉及到了苏格拉底理念论局限的第二方面：苏格拉底的理念论是二元

---

① 光的比喻来自《理想国》里有关善的理念的"日喻"。

论的;它是以理念和现象的张力关系为基础的。

这个结果可能是令人惊讶的,因为与广泛流传的观点相左。理念与现象的对立一般被归于柏拉图的哲学,而苏格拉底则被人们认为与这个"形而上学的理念论"毫无干系(沃拉斯托斯,1991,91)。

持有这种观点的人中,亚里士多德可以算作权威人士。亚里士多德认为,苏格拉底"并没有把普遍和界定性的定义理解为是与事物分离的;而那些人①却把它们分离开来,并把这样分离开来、单独存在的事物称作理念"(形,XIII,1078b30 - 32)。这句话不能孤立地去理解,而是应该放在亚里士多德自己的哲学立场的背景下来解读。这样,我们就可以从根本上排除这里的理念论批判是对理念论笼统批评的这种可能性。在《形而上学》的第七卷,亚里士多德试图证明,一件事物的本质只可能被理解为理念(Eidos);而这件事物又不能简单地等同于它的本质,因为它是"组合"(synholon)而成的,是形状和物质的合成物。尽管亚里士多德这里有他自己的侧重点,然而如果我们把他的观点看作是《高尔吉亚》的变奏的话,这并非毫无道理。亚里士多德在他的理念论中也是以生产技术为范例的,这才使他明确地为苏格拉底的立场而辩护。

① 那些人指的是柏拉图主义式的理念论者。

95

这样一来就好像有理由相信,对柏拉图和他的追随者的批评实际上是对类似《蒂迈欧》和《智术师》中理念论的批评。在这些篇章中才触及到了"分离"这个思想,因为理念已经不是在与现象的关联中来讨论了。这样的批评是否合理,这里无法探讨;这也不属于苏格拉底思想的领域了。然而,下面的事实反驳了以上的批评:柏拉图自己就曾讨论过双重世界①的问题,而且是作为苏格拉底理念论的缺点。这发生在《帕墨尼德》,这里处理苏格拉底局限的方法与《蒂迈欧》和《智术师》不同。

《帕墨尼德》里的场景可以几乎肯定地说是虚构的;大约二十岁左右的苏格拉底与这位伊利亚特学派②的思想家(帕墨尼德)进行对话,这几乎是不可能的。但这丝毫不会减弱这篇对话对柏拉图所塑造的苏格拉底形象的意义。苏格拉底在《帕墨尼德》里参与讨论了一些对于他过于深奥、所以还不能应付的事情;《蒂迈欧》和《智术师》告诉我们,苏格拉底在成熟的年龄就不会这么做了。但这些他没法应付的事情,即使是对于成熟了的他依旧是过于深奥了;柏拉图通过想象一个年轻而有些冒失的苏格拉底,就可以展示他的一些弱点,而这些

---

① 双重世界指的是理念世界和现象界。

② 伊利亚特学派是古希腊的一支古老的哲学流派,提出了存在为一的学说。伊利亚(Elea)是希腊人在意大利所建造的城市。

弱点是不会在一个有经验的、智慧的、矜持而克制的哲学家那里流露出来。

在《泰阿泰德》中,柏拉图作为苏格拉底形象的刻画者,让他回顾了与那位重要的伊利亚特人一起进行的不是那么光彩的(思想)冒险。年轻的数学家泰阿泰德请求苏格拉底对帕墨尼德的哲学立场说出自己的看法,他友好但很明确地拒绝了。他拒绝的原因是因为他担心,帕墨尼德所讲的会很难理解,更重要的是,他们会因而忽略了对话本来的题目(泰,183e‐184a)。这个题目就是关于知识(epistêmê)的本质的问题,苏格拉底认为,如果从这个题目过渡到帕墨尼德的哲学这样重要的难题,这会离题太远;而且这是一种独特的思想任务,如果在不合时宜的时刻来开始做,就不可能充分完成(泰,184a)。

这个决定可以说是错误的:从戏剧(情节)安排上直接与《泰阿泰德》相联系的《智术师》恰恰证明,知识的问题正是在讨论伊利亚特学派这个问题时才得到解决的。在《帕墨尼德》里,主人公之一帕墨尼德把苏格拉底版本的理念论说得一无是处(参见费格尔,1993),在这之后,苏格拉底就有些害怕原则性的本体论探讨。

恰好是泰阿泰德在《智术师》中学到了苏格拉底不能教给他的东西,这是柏拉图精心设计的。因为泰阿泰德在外形上与苏格拉底很相似(Sokrates‐Figuration)——在这个以他的名字命名的对话的主要部分的开始,两人之间外貌上的相似就被凸显出来(泰,143e)。泰阿泰德——他是一个有天赋的数学家——好比一个年轻的苏格拉底,但在以一种不同的方式开始从事哲学活动。对话的外层框架叙事(Rahmenhandlung)向我们暗示,泰阿泰德是苏格拉底哲学的另一种以数学才能为基础的、充满希望的开端;然而这个开端却随着这个年轻人战死在战场上而终止了。

与之相比,在《治邦者》里所引入的另一个与苏格拉底及其相似的人物则显得十分苍白。如苏格拉底强调的那样,这个年轻人只是与他有相同的名字,而泰阿泰德却是长得与他相似(政,257d)。结果苏格拉底不过是口头答应与这位年轻的苏格拉底对话而已(政,258a),但其实并没有与他谈话。

恰恰是因为泰阿泰德与年长的、真正的苏格拉底如此相似,他反而不能成为第二个苏格拉底,并在见识方面依靠自己的能力而超出苏格拉底。在《智术师》中,他需要对话的主人公的指导,后者是来自伊利亚特学派的异乡人和帕墨尼德的学生,并在对话的进程中逐渐从他的老师的影响中独立出来。(泰阿泰德)需要的是一种重要的推动力,来帮他走出苏格拉底的思想。我们必须在《泰阿泰德》的背景下来读《智术师》,在前者中,年长的、真正的苏格拉底想要引导年轻的、与他类似的泰阿泰德获得哲学知识,但却罕见地、彻底地失败了。而正是在这里,苏格拉底提出了他的哲学意义上的助产术,即他自己没有知识,却能够帮助别人的知识的诞生(泰,148e－151d)。

在泰阿泰德身上,苏格拉底的哲学助产术失效了,考虑到苏格拉底很可能是做出让步才接受的助产术,其失败的后果就更严重了。至少柏拉图是让他这么说的:神迫使他从事接生,却禁止他自己生育①;苏格拉底不是智者,他自己的灵魂也没有什么新发现来作为自己的后裔(泰,150c－d)。

但这并不意味着发现就不可能了;如果是这样的话,那么助产术这个比喻就失去了内在的逻辑。苏格拉底的言语与思想中有一种被迫的放弃(Verzicht),没有这种放弃就没有苏格拉底的哲学。其哲学的产生是由于他在知识的领域没法前进了,就躲进(Flucht)到对话这种形式中。苏格拉底的哲学本质上变成对话式的了,因为研究性的发现好像不可能了。但情况不一定非如此不可。在通过对话打开的场域中有着其他新形式发现的可能性——因而苏格拉底可以寄希望于泰阿泰德身上。苏格拉底思想自身这里则是过渡;别人可以利用他打开的可能性。柏拉图就很好地利用了这种可能性。

①　这自然是比喻,指的是"灵魂的生育"(泰,150b)。

求助于对话

　　如果我们认为苏格拉底因此就放弃了研究和发现新知识,那么在《申辩》里讲的德尔斐神谕的故事就无法理解了。如果不是相信苏格拉底真的是最有智慧的,凯瑞丰(Chaire-phon)究竟还有什么理由去德尔斐呢? 但凯瑞丰相信苏格拉底的智慧,这是不可能以他在《申辩》中所声称自己拥有的"人性的智慧"为根据的,因为这种智慧是通过苏格拉底检验神谕才产生的。所以说,苏格拉底在凯瑞丰动身去神庙之前就已经努力寻求知识了;他也做研究,并或许获得了一些知识。至于是什么样的知识,在柏拉图的文本中只有一个答案:这是自然研究方面的知识,就像阿那克萨哥拉(Anaxagoras)和其他人所做的那样。

　　然而这种观点经常遭到质疑,有关这方面,按照流行的说法亚里士多德又是最可靠的出处。如亚里士多德所说,苏格拉底只关心伦理方面的事情(ta ethika),而不是自然作为一个整体(形,I 987 b1－2)。色诺芬也同样认为如此,他说苏格拉底与大多数其他人不同,他并没有就自然整体进行过辩论;他没有研究过被智者们所称为宇宙(kosmos)的特性和天空中的物体的必然性,反而嘲讽那些思考这方面事情的人是胡思乱想(回，I.1.11)。最后，柏拉图的《申辩》大概也可归入此类，因为苏格拉底在这里说，对于自然研究，他一窍不通(申，19c)。

然而事情并不是这么一目了然。阿里斯托芬讽刺性地把苏格拉底描写成一个自然研究者。而即便色诺芬全力想将其主人公的思想模式简化为直白的实用主义，他仍然提到，苏格拉底在天文学方面并"不是无知的"(回，IV.7.5)。这又与柏拉图在《斐多》里所讲述的苏格拉底哲学式的自传相符。一方面有例证说明苏格拉底与自然研究保持距离，但同时《斐多》里的自传也清楚地告诉我们：苏格拉底对自然研究确实"不是无知的"；但他还是摆脱放弃了自然研究，因为它既不能触及那些重大的问题，同时却又许诺了一条被证明是行不通的知识的道路。

《斐多》里苏格拉底的自传重复了神谕的故事；在自传中，苏格拉底描述了他进入哲学的道路，但与《申辩》不同，哲学内在的(发展)运动在这里用语言表达出来了。这里没有描述苏格拉底如何质疑和检验自己、开展对话并与其他城邦的公民打交道，然后才成为真正的自己。相反，这里的关键是展示朝向语言的转向，以及这是如何在思想中发生的。

苏格拉底开始时讲到，他年轻时也曾对自然研究感兴趣。如果这种兴趣别有深意，我们就有理由相信它有以下这样的动机:苏格拉底想要"知道一切事物的原因,以及它们因何生成,因何逝去,又是怎么成其所是的"(斐多,96a)。自然研究也就等同于研究事物的原因(Ursachenforschung);这就是试图走出直接的理解,通过回溯到其他的事件来把握理解(眼前的)一些事件。理解就意味着:当某事发生时,看清楚发生的是什么;也就是说,从另一事物来看所发生的事情,并由此把这件事情置入到它的重要关联之中。

苏格拉底是这样总结他自然研究这方面的经验的:对于所有这些,他都以为自己没有天赋(斐多,96c)。很明显,他不仅是对具体的研究结果,而是整个研究方法抱有疑问。自然研究使他头晕目盲;并因此而荒废了他此前已有的知识(斐多,96c)。当人开始从事自然研究时,就已经走出了直接的(unmittelbar)知识,但同时却又不能理解得更多更好。研究自然的专家们所找到的(世界)的本源并不是没有说服力,我们也没必要去寻找更精细、更普遍和可以更准确地被认知的原因。是自然研究的本源问题本身会引入歧途。

另一方面,如果苏格拉底仅仅是停留在他怀疑自然研究的立场上,那么他的无知还称不上是智慧。他放弃解释(自然)之后,还要重新面对(对世界的)直接理解(dem unmittel-baren Verständnis),以便让事物以一种区别于解释(自然)的方式显现出来,这样才能发展出智慧。苏格拉底的方式是首先指出在决定和行动中起作用的原因：善的理念。苏格拉底眼中，自然哲学家最主要的过错在于没有追问善的理念的问题；如果他们不是试图（为世界）提供各种可能的解释，而是去问一下为什么存在的事物方式是最好的，那么他们就可能就此找到一个大力神，①他比那个支撑着地球的巨人更有力、更不朽，而且比最有说服力的、最精致的世界来源都能更好地汇聚和联合万物（斐多，99b - c）。也就是说，解释（世界的本源）这条错误的道路就可以被看作是对善的无知。

然而，苏格拉底并不主张以善的理念为标准的自然研究。这又显出了他思想的局限——柏拉图则认为这种研究是有可能的，这在《蒂迈欧》里可以看到。苏格拉底说，他既不能自己找到作为原因的善，也没法从他人那里学到，所以只能满足于第二次航行。②

在"第二次航行"中是不能以帆借风势为动力来前进的，而是要我们亲自动手来划桨。苏格拉底自己解释了如何来理解这个意象：事物并不是他们直接显现出来的样子；企图认识善就好比想直接不加保护地去看太阳（斐多，99d - e）。谁想这样去看太阳，就会伤到自己的眼睛。《理想国》里的相关段

---

① Atlas，希腊语 Atlanta，希腊传说中的巨人之一。

② 希腊语为 Tòn deúteron ploûn，第二次航行。德语译为 die zweitbeste Fahrt，次优航行。具体含义下文有解释。

落告诉我们,这很明显是指(光明之神)阿波罗(理,507a;509c);谁企图认识神,就会丧失理智。因此,对于苏格拉底而言,"逃避到言语里"①,并在其中检验存有物的真理是必要的(斐多,99e)。

逃避到言语中不久就证明了苏格拉底其实是走以理念为取向的道路,而《游叙弗伦》中就已经明确地提出了理念。但是逃避到话语中并以理念为参照,这并不是自然而然的事情。尤其是考虑到苏格拉底的理念论是以技艺(technê)为知识的模型来展开的。因为或许对于一个能工巧匠而言,能解释并传达他的知识也很重要,但很难说他的知识就在于此;实际上他的知识更体现在能够完成产品上。

苏格拉底之所以说要逃到言语中,这与之前讨论过的本源研究有关。而理念论将会被视为"最有力的说法"(斐多,100a),因为随着理念的提出,本源研究的局限也就显露出来。苏格拉底告诉我们,理解"更大的"这个表达方式的含义是不能以自然研究的方式来解释的;我们理解了某物,就是因为我们理解了它。同样的明证性(Evidenz)也适用于被理解的事物:大的事物(das Große)是大的,因为它(本身)就是大的。语

---

① 希腊语这里是 eis toùs lógous kataphygónta,即逃避到逻各斯(言语和对话)中,已成为固体用法。德语译为 Zuflucht in die Logoi(Reden)。

言是这种理解的明证性的最佳体现,因为语言表达的意义并不在于解释(erklären),而最多是让人来理解。通过语言可以显现出人们在解释和研究之前所理解的,在这种显现中,语言是作为理解的明了清楚的表现(Darstellung des Verstandenen)。从某种意义上来讲,事物也是理解的展现,它们总是被理解为(als)是什么。但在这里,人们倾向于只是简单地以事物为根据。事物是一种表现,即它的形式的显现(Erscheinung),这并不是很容易理解。苏格拉底说,当人们以言语或者以事物为根据时,其实都是在以图像和展现的方式在研究存在者(斐多,100a),这种说法是有道理的。

然而,在言语表现中的理解有着不可估量的优势,即灵活性;因为在言语中可以驾驭、可以纠正和改善。言语的本质属性之一就是它是及物的(Anrede),因而对所言之物(Angeredeten)的理解才是纠正的标准;如果一段话语没有被理解,那么我们就必须尝试着以其他方式来表达。言语本质上是对话和生动地表达,它的好坏不是一个人单独的事情,也不是一个人自己可以办到的。如果我们想表达我们所理解的,并让理解本身清楚明了,言语则是一种必须依赖的表现方式。对话式的话语是苏格拉底哲学的表现方式。

但柏拉图在他的苏格拉底式对话中更多地显示了这种表现方式的失败,而不是成功。我们甚至可以把失败作为苏格拉底对话的一个标准。但这么说只触及了问题的表面而已。即使苏格拉底的对谈伙伴经常没法达到对话的要求,苏格拉底的目的绝不仅是想证明游叙弗伦的自以为是,以及拉克斯、尼基亚斯或美诺的解释是站不住脚的;只有他们解释也有可能成功时,苏格拉底每次这么做才有意义。

在《高尔吉亚》一段我们曾经引用过的段落里,苏格拉底谈到了成功对话的可能。他以手工艺为标尺来衡量对话,并认为,"一个人如果以善为目的来谈话,他就不可能毫无计划、毫无目的地乱说,他总是会在盯着(目标)",如同手工艺人看着他们的产品(高,503d – e)。这对言语来说意味着什么,这里并没有展开,而只是讨论了与技艺(technê)相关的理念与产品的关系。在《游叙弗伦》里苏格拉底同样也只是简单提及而已;苏格拉底在几次徒劳地想定义虔诚之后说,对他而言,对话应该静止,呆在那里不动,而不是总在打开新的视角(游,11d)。

这个问题只有到了《斐德若》才有了一个答案;这么讲就意味着这篇对话不早于柏拉图的中期对话(古特里,IV,396页以下)。这里苏格拉底勾画设计了谈话艺术的内容,谈话的目的应该是把多种分散的事物汇集到一起,关注其单一的形式(Gestalt),这样谈话就可以界定和阐明每次想传授的事物(斐德若,265d);谈话的目的不是确定的定义,而是为了探寻知识的可能性,即让在杂多的事物中知识汇聚的力量得以显现,并同时在不同方面和现象中展开知识的同一性。这里指的是一种在《游叙弗伦》等对话录里企图达到的、但却没有掌握的谈话方式;谈话中要表现理念,这样所谈之物的可理解性(Verständlichkeit)才能显示出来。这又与工匠艺人方法相类似,他们也不是"没有计划、没有目的地随便找到一些东西",而是想要取得这样的目标,即"他所完成的产品通过他会得到某一特定的形状"(高,503e)。在谈话中,一方面这种与手工艺类似的汇集(Versammlung)①是有可能的,而同时也可考虑到个体单独的事物;通过把"多"汇集成"一",我们也可以理解"一"的众多方面,并把"一"以不同的样式分散开来(斐德若,265e),这意味着,区分"一"内部的不同却又一致的变化。苏格拉底补充说,他自己是这样的分类和汇总的爱好者,以便能够通过这样的谈话获得知识(斐德若,266b)。苏格拉底也说出了这种谈话艺术的名称,即辩证法(斐德若,266c)。②

这里所勾画的辩证法的蓝图在柏拉图的晚期对话中才得以实现,如《智术师》和《治邦者》。这不仅支持了关于《斐德若》是中晚期对话的说法,而且这个计划蓝图并不是苏格拉底式

① 汇集也是希腊语里逻各斯的动词 legein 的含义之一。

② 这里的辩证法,Dialektik,是柏拉图意义上的,本章中对其具体含义有所描述。

的。另一方面,柏拉图不是平白无故地让苏格拉底说出辩证法的计划,而是让苏格拉底很坚定明显地认同辩证法。此外,在《斐德若》里所阐明的辩证法的基本路线其实并不是什么新观点:即使是在被普遍认为是苏格拉底式的对话《普罗塔戈拉》里,就已经谈及品德的一和多的问题。表现事物的可理解性的一和多是苏格拉底对话的前提;晚期的对话《智术师》和《治邦者》是因其内容和问题才有了新的重点,并形成了辩证法的一种不同的形式:在《智术师》中是存在和非存在的问题,在《治邦者》中是关于政治的问题,而这已经不是苏格拉底的概念了。

如果苏格拉底的谈话艺术不是隶属于以上所概述的辩证法的计划,那么很难把他与智者派区别开来,而没有这个区别是不可能理解苏格拉底的。苏格拉底的对话艺术与智者派的演说术(Redekunst)是不能等同的,即使他们在表面上相似,容易混淆。如果辩证法与修辞术的不同很明显,柏拉图就没有必要对此把它作为繁琐的解释对象。

《申辩》里说,雅典人把苏格拉底当成了演说家。否则的话,苏格拉底没有必要在为自己的辩护中一开始就反驳别人的诋毁,说他是善于演讲,而且很危险。苏格拉底不愿成为一个演讲家,除非演讲术的精湛是为了说出真理(申,17b)。苏格拉底认为,人们出于偏见才控告他,其中的一个偏见就是以为他“能使弱的言辞变强”(申,18b)。但亚里士多德告诉我们，是普罗塔戈拉宣称自己有这样的能力（修辞，1402a23）。

　　要想推翻雅典人心目中苏格拉底的形象是很难的；他强调自己说的是真理，这是一个演说家也会采取的不怎么精明的策略——谁会声称自己说的不是真理呢？尽管苏格拉底没有通过自己的演说获取好处，相反，他故意挑衅法官使得他别无选择，只好宣判苏格拉底有罪，但这不能说明苏格拉底为自己的辩护就没有了修辞学的特征。通过以自己的生命为代价从事哲学，苏格拉底确实使那些雅典人认为的弱的言辞变强了。

　　如果有策略地使用语言技巧就是修辞性的，那么苏格拉底是经常讲究修辞的。当他的修辞术是为了赢得听众，而不是唤醒他们的知识，那他就是很有修辞性的。在以克力同的名字命名的对话结尾处，克力同认识到了留在监狱里去死要比逃亡更好吗？克力同最后说的话就是，他已经什么都说不出来了（克，54d），这表明他还根本不能适应他的朋友（苏格拉底）的语言的力量。下文将会显示，即使是有关最终极事物的哲学也不能没有修辞学。

　　尽管如此，苏格拉底也不是智者派那样的演说家。有些演讲除了有说服力，还有其他目的，但这种想法对于修辞学和（智者派的）诡辩术来说并不重要。重要的是他们认为演讲和言说在本质上就只分有说服力和没说服力两种。在《泰阿泰德》中所引用的普罗塔戈拉的名言，人是万物的尺度（泰阿，

109

151e - 152a),是这种思想的原则。按照苏格拉底的理解,泰阿泰德其实想说的是,如果事情是且仅是它们每次显现的样子(泰阿,152a),那么观点上的不同只有通过一种方式能终结,即一个人部分或全部地接纳另一个人的观点;这只有通过尽可能地使自己所代表的观点有说服力才能达到。

当苏格拉底反对修辞学和与之相关的诡辩术时,他质疑的不是教人怎样使用语言工具干巴巴的规则手册——《斐德若》虽曾以戏仿嘲讽的方式描写了这样的规则手册,但最后还是赞扬了一番(斐德若,266e - 267d)。他所反对的是思想的问题其实就是权力的问题这个观点。他的这种立场反过来只有以论证说明的方式才有可能:一个演讲如果声称是有思想上的见识的,那么就要证明和判断,它是否以及在多大程度上达到了所声称的目标。

这在《高尔吉亚》中具体地表现出来。这篇苏格拉底与一位重要的演说家之间对话的一个特殊之处在于,当高尔吉亚被苏格拉底问及什么是修辞学时,他被迫采用一种辩证法式的思想和谈话方式。可以想见,他根本没法应付,尽管他很受人尊敬,给人留下的印象却不是很令人信服。对话进行到关键处时,高尔吉亚以精湛的修辞技巧展现了"修辞学的全部力量"(高,455d),并把修辞学等同于政治:修辞学是一门全面的艺术,包含了所有其他技能(高,456a),决定了它们之间的协调与和谐。高尔吉亚补充说，为此必须公正地利用修辞学的各种可能性，而这意味着，不能用到亲戚和朋友身上（高，456e）。很显然，高尔吉亚虽然声称修辞学拥有关于正义和非正义的知识，但却没法从它的概念出发解释它的力量。修辞学必须成为辩证法，才能实现自己的诉求。《斐德若》里是这样精辟地总结的：谁如果不懂真理而只是追逐意见（Meinungen），那么他能带来的就只能是可笑的、毫无技艺的演说术（斐德若，262c）。

苏格拉底没有天真地相信，知道真理就可以简单直接地在语言中表达事物本来的样子。《克拉底鲁》很清楚地显示，如果演说也是表现，那么就既不能保证表现的成功，又不能忽视表现的每次特殊性和独特性。如果没有注意到谈话对象的局限，也没有注意在某个特定的情况下对某个人什么可以说，什么不可以，那么谈话在思想方面的诉求很快就会处于不利的局面，并被想说服别人的修辞性的姿态所掩盖。在《斐德若》里这方面是有所考虑的：好的演说家必须理解听众的灵魂（斐德若，271a - e）。辩证法自身必须扬弃（aufheben）修辞学，这样才能实现它实在的诉求。

这些思考间接地引出了同样是在《斐德若》里所讨论的辩证法的另一个方面：按照苏格拉底的理解，辩证法式的哲学是口头上的哲学活动（philosophieren）；通过书写固定下来的学说的形式并不能真正传达辩证法。如苏格拉底所说,通过书写固定下来的演说是不能保护和帮助自己的(斐德若,275e);相反,它们会受到滥用和误解,因为它们的"父亲",它们的创造者不能够再修改和解释了。写下来的演说不过是生动的、有生命和灵魂的演说的模本(斐德若,276a),后者表达的是创造者的见识,而且它考虑到了演讲的对象,才能够打动他们,并在他们心灵中播下知识(斐德若,276e)。

在《斐德若》里所表达的对书写性的批评与《书简七》(书简七,341b-d)中的相关观点一起在柏拉图研究中起了很重要的作用,因为这被理解为是作者对在所发表的对话录中没有公开的"未成文学说"的暗示;柏拉图对书写的批判解释了他为什么对读者隐瞒了他哲学体系的核心(齐勒扎克[Szlezak],1985和1993)。但是,我们不应该因为这场关于柏拉图的辩论而忘记,以上在《斐德若》中所提及的思想同样是要在上下文关联中来理解,而这里上下文是在刻画苏格拉底的形象。如果考虑到书写式的表达对于帕墨尼德和赫拉克利特,对于自然哲学家和智者派来说都是很普通的事情,我们就可以推断出,苏格拉底是有意识地放弃了这种表达方式。那么坚持哲学的口头性就可以理解为认同苏格拉底这个榜样;那么对话录本身不过是他的哲学行为的模仿(Abbilder),但这样一来,作为作者的柏拉图同时也就与他的榜样苏格拉底拉开了距离。柏拉图写下了文本,而我们无法想象一个书写的苏格拉底。然而这不仅是因为苏格拉底哲学的非书写性,而且是因为他爱欲的本质。

爱欲(厄洛斯)①

苏格拉底在爱欲上很容易受到俊美青年男子的吸引,这在柏拉图的文本中很重要。《普罗塔戈拉》的对话开始,那位没有名字的朋友就问道,苏格拉底是不是刚才追求阿尔喀比亚德(Alkibiades)的伙伴去了(普,309a;参见,阿,I104d;高,481d);苏格拉底也迷恋卡尔米德的美貌(卡,155c - e),而且谈论他的美,并直截了当地承认,所有这个年龄的人,即在青少年与成年之间,在他眼里都是美的(查,154a - c);按照当时的习俗,这并不与苏格拉底已经结婚并与他的妻子克珊提普有三个儿子相冲突。即使对此有所保留的色诺芬也让苏格拉底说出,他被爱欲所控制了(erotikos,回,II.6.28)。

如果这没有什么核心的哲学动机,我们或许可以忽略它。但柏拉图不是仅仅局限于上面提到的一些边缘的评论,而是专门写了两篇重要的对话录来讨论爱欲与哲学的关系:《斐德

---

① Eros,厄洛斯,希腊神话里的爱神,也有爱欲、性爱等抽象含义。

若》和可能更早的《会饮》；还有不是很重要的、但属于同一主题的《吕西斯》。

在《斐德若》中，柏拉图把厄洛斯（Eros）与修辞学、厄洛斯与辩证法作为主题联系起来，这是一个乍一看来有些神秘、其实是很精妙的想法。如果对话录的解读者们没有忘记苏格拉底的对话艺术是多么明显地与爱欲的吸引相关，那么他们就不会对对话第一部分里的演讲和第二部分里关于"方法"的讨论放在一起感到吃惊了。对话结尾处提到的哲学话语的动机，即在谈话对象的心灵里播种知识，很明显是关于性爱的一个比喻；之前还显示了，哲学行为本身就应该被理解为爱欲的事件发生（erotisches Geschehen）。爱及其神性的缔造者，爱神厄洛斯，并非与哲学本身不相关的哲学论题；当讨论爱欲的问题时，哲学本身也同时以哲学的方式表达出来。厄洛斯属于哲学的神灵的一部分。

《会饮》中说明了这具体意味着什么。厄洛斯不是神（theos），而是一个很大的、很重要的神灵（daimon megas），它位于会死的（人类）和不朽的（神）之间，它有翻译（herme-neuon）①的能力，可以把来自人的信息带给神，也可把神的音

---

① 这个词有翻译、解释、阐释的意思。后来的诠释学这个词，Herme-neutik，也源于此。

信带给人(会,202d－e)。也就是说,神不是直接与人联系,任何神与人之间的关系和对话都要通过厄洛斯(会,203a)。

对于《申辩》的读者来说,这个翻译的、解释的中间位置(Zwischenstellung)作为哲学的位置并不陌生。但为什么这个位置以厄洛斯的名字来命名,就不是很清楚了。从《会饮》中可以看出,厄洛斯神灵的属性在人的经历中体现为对美的渴望(会,204b),身体可以是美的,而同样心灵的教化和追求也可以是美丽的;知识可以是美的,但在知识中所知道的不变的事物却更美。理念才是本来意义上的美,最后是美的理念本身;这样,哲学就可以理解为从美的身体层面上升到爱欲经验的最高处(会,210a－211c)。厄洛斯的名字代表了哲学的超越人性层面的上升运动。

但这样一来,苏格拉底身上完全是人性的那方面的爱欲就没法理解了。如果实际上只是为了哲学意义上升华了的美的经验,那它还与人性的爱欲有什么关系吗? 然而苏格拉底只有在受到那完全没有升华过的美吸引时,他才能以最好的状态去从事哲学活动。苏格拉底的对话不是在一次性成功地上升到那个非感性的高度后才展开的,在那个高度上,只有理念才显现为美;相反,对话中总是有着从人性的到超越人性的、美的(上升)运动,并且把超越人性的美通过对话的形式拉回到人性的层面。如果这不符合厄洛斯的本质,那么它就不可能位于神性的和人性的之间了。

事实确实如此,柏拉图的文学艺术可以再一次支持这种观点。十分重要的一点是,并不是苏格拉底阐明了从人性的美上升到神性的理念这个思想的,而是女祭司蒂欧提玛(Diotima),苏格拉底只是重述而已;这个人物很可能是柏拉图虚构的,这使得这一场景更为重要:除了《帕墨尼德》第一卷的对话外,这里是柏拉图作品中唯一一处苏格拉底直接受到教导的段落。

苏格拉底并不能理解蒂欧提玛所述上升中最后的也是最关键的一步,这就很清楚地显示了这个场景的独特之处:苏格拉底说不出美的经历实际上能带来什么。只有当蒂欧提玛把美换成善,苏格拉底才能理解她(会,204d - 205a)。只有这样,蒂欧提玛才让他能够把他关于善的核心问题与爱欲联系起来,同时把爱欲同善的问题相联系。相连的中心点是美的经验;因为美的经验对于苏格拉底来说是联系的中介,蒂欧提玛怀疑苏格拉底是否能够跟上,并完成上升到美本身这最后的一步,这是完全有道理的(会,209e - 210a)。苏格拉底深陷在爱欲中,以至于不能纯粹地理解它。

这里以与《蒂迈欧》或《智术师》完全不同的方式指出了苏格拉底的界限。那里所探讨的问题已经不在苏格拉底的视野之内了,而这里关于爱欲本性的问题对于苏格拉底来说太近了,以至于他无法通过自己的力量来解释清楚。苏格拉底自身就是一个超越人性的存在(daimonios anêr),他善于在人性与神性之间做翻译(会,203a;参见伽达默尔 7,242 页以下)。也就是说,《会饮》的目的是为了表现苏格拉底,而不是让他来表现自己。

对话中的一个段落证实了这一点,这段描写是所有柏拉图用来刻画苏格拉底形象的文本中最突出的一段——在众人都做了致厄洛斯的献词后,阿尔喀比亚德做了最后的演讲。但阿尔喀比亚德并不想赞美厄洛斯,而是苏格拉底,他这么做并没有更换主题,他所描述的不过是他的爱欲方面的经验。苏格拉底就成了爱欲(的代名词)。

阿尔喀比亚德所描述的厄洛斯与蒂欧提玛所讲的差距还很远。我们要小心,不要把阿尔喀比亚德的苏格拉底简单地当作苏格拉底本人;这一点十分明显,尤其是当阿尔喀比亚德说,他不想讥讽苏格拉底,而是想说出真话(会,214e),并用图像或比喻的方式(会,215a)。仅凭图像本身是不能显示真理的,何况阿尔喀比亚德所刻画的形象还是虚假的图像:苏格拉底就像那些酒神侍从西伦(Silenen)①的雕像,雕刻家们把神

---

① Silen 或 Satyr(萨蒂尔),是酒神狄奥尼索斯(Dionysos)的随从,也被称为林间仙子或森林之神。他们人身马耳,相貌奇特。

像藏在它们的内部(会,215a-b)。他不仅长得像一个林间仙子玛叙阿(Marsyas)——考虑到苏格拉底也是矮小粗壮,眼珠突出,阔鼻朝天,这种比较不无道理——,而且像玛叙阿一样没有节制、经常放肆僭越(hybristês,回,215b);玛叙阿演奏奥洛斯(Aulos),一种属于酒神狄奥尼索斯的吹奏乐器;但他所带来的效果,苏格拉底不用乐器,仅凭他的话语就可以制造出来——听众都被他迷惑而神魂颠倒(会,215d)。苏格拉底在《申辩》中称自己为阿波罗的侍从,这里却被比作一个林间仙子和酒神侍从西伦,①而且他还挑战神来与他竞赛,并以惨败收场,②这一方面可以理解为:因为苏格拉底解读神谕实际上也是与阿波罗竞赛。但指责他没有节制、没有约束的放纵就有些让人怀疑了。

阿尔喀比亚德其实已经喝醉了,他很可能说的是自己,并在发泄他受到了侮辱的自爱。后来他引用了那句格言,酒中藏着真理(会,217e),然后直白地说道,苏格拉底的演讲让他认识到了自己的不足(会,216a)。尤其使他生气的是,苏格拉底不为他的引诱所打动,不给他用他外貌的优势来弥补精神上不足的机会。阿尔喀比亚德以权力为标准来理解他和苏格

---

① 众所周知,酒神和日神被尼采理解为两种对立的神性和精神。
② 这里指的是玛叙阿挑战阿波罗来与他比试吹笛子,并最终落败。

拉底的关系,他的描绘和刻画不过是失真和扭曲的厄洛斯图像,这并不足为奇:他看到的不是一个超越人性的、具有神灵间属性的厄洛斯,他描画的是一个半动物式的、怪物的形象,在其内部隐藏着神。这里内在和外表没有任何关系;后来,当苏格拉底拒绝以他的美来交换阿尔喀比亚德的美时(会,218e),阿尔喀比亚德也就只能认为这是苏格拉底的鄙视和高傲了(会,219c):苏格拉底拒绝承认自己是酒神的侍从(Satyr),像阿尔喀比亚德想把他描绘成的那样。

尽管苏格拉底一直都保持着自我控制,但我们不应把这理解为哲学家在节制和品德方面就是榜样了。因为如果要刻画一个禁欲的苏格拉底形象,就根本没必要展示他的审慎和克制。也就是说,阿尔喀比亚德所描述的情况是如何发生的,这才是需要解释的。

苏格拉底对阿尔喀比亚德的爱不是那么容易解释的。阿尔喀比亚德在暴力和没有节制的本性上与忒拉叙马霍斯或卡里克勒斯很相似,他们在概念的争吵中所说到的,很明显是阿尔喀比亚德作为一个成年人所想的和所经历的。尽管阿尔喀比亚德所刻画的苏格拉底形象是扭曲失真的,但他并不是仅仅在说自己,而是同时把握住了苏格拉底身上的阿尔喀比亚德。阿尔喀比亚德存在本身就意味着,苏格拉底并没有简单地以沉着冷静来面对无节制的放纵。

这样看来,阿尔喀比亚德所讲述的引诱的场景实际上是让苏格拉底生命和思想中一个重要特征凸显出来:苏格拉底之所以这么强调节制、受理性引导的生活的必要性,是因为感性如此深刻而持久地触动了他。阿尔喀比亚德想要表现的苏格拉底双重本质(Doppelwesen)的形象尽管与真相差别很大,但他并没有完全说错。在其他人献给厄洛斯的演讲结束后(会,222d),阿尔喀比亚德在他滑稽剧式的①演讲中只是强调,苏格拉底是如何承受并展开(austragen)感性和理性间的张力关系的;这种张力即是爱欲的苏格拉底式的变种。当西伦内部露出神像时,西伦并没有消失,而西伦也并不能完全遮蔽掩盖神像,两者均属于苏格拉底的存在本质。

柏拉图在《斐德若》的开始就提到了感性和理性间的张力。这里,柏拉图让苏格拉底承认,他并不能够像德尔斐预言所要求的那样去认识自己;如苏格拉底所说,他不知道自己是像堤丰(Typhon)般凶猛的怪物,还是个柔和的生命存在,并天生有着内在神性的、谦虚的本性(斐德若,230a)。这不是讽刺,而是随着对话的进展而得到证明。如同在《会饮》一样,当涉及到厄洛斯时,苏格拉底总会经历到一些令人吃惊的事情。

---

① Satyrspiel, satyrikon drama,由森林仙子主演、主唱的滑稽戏剧是古希腊戏剧形式的一种,通常是在三部悲剧后上演。

苏格拉底年轻的对谈伙伴(斐德若)转述了吕希阿斯的演讲,后者主张只与那些没有陷入爱情的人进行爱欲的冒险,这对苏格拉底来说是个挑战。斐德若很明显是爱上吕希阿斯了,因此觉得他的演讲非比寻常,并也想从苏格拉底那里听到他的判断,他自然是想听到苏格拉底的认同。苏格拉底先是作了几句随便的评价,尽管有些批判性,但还只是在嘲讽和避重就轻,之后他同意了斐德若让他做个回应性的演讲的要求。但他演讲其实在原则上是证实了吕希阿斯的观点:爱是一种成问题的迷狂(Wahnsinn),它不可理喻,控制了人对正义的追求,是会引入歧途的欲望(斐德若,238b－c)。

　　苏格拉底以一种隐蔽的方式做了这个演讲,这很说明问题;他说,这是因为他想尽快地做完演讲,这样才不会看到斐德若时因为羞愧而不知所措,说不出话来(斐德若,237a)。苏格拉底的动机很清楚,他的演讲背叛了厄洛斯,就是说背叛了对漂亮的对谈伙伴的感受。但苏格拉底演讲的语调就显示出,他其实收回了(改变了)他的背叛;与他话语的内容相反,他的腔调是神灵附体、狄特兰波①颂歌式的(斐德若,241e)。到最后甚至要神灵(daimonion)出场来要求他净化恕罪(斐德

---

　　① Dithyrambos,是古希腊献给酒神狄奥尼索斯(Dionysos)的合唱乐和颂歌。

若,242b－c):因为他冒犯了神性的厄洛斯,而如果厄洛斯是神或神性的话,那么他就不能是坏的、恶的(斐德若,242e)。

苏格拉底的第二个演讲(Palinodie)①纠正了第一个演讲里的说法,而且十分极端。这里,爱欲的形象在十分宽宏的视角下被勾勒出来,这个形象在爱欲中发现了自我认知的活动余地,既承认身体吸引的正当,又没有放弃理智的权利。而苏格拉底任凭自己神灵附体,很明显不能控制自己了;他在演讲结尾时强调,由于斐德若,他第二个纠正性的演讲才如此地诗性(斐德若,257a),这种说法并不令人信服。苏格拉底并没有盘算如何做好这个演讲,而是一股他无法控制的力量控制了他。在诗人般的迷狂中,厄洛斯登场了。

然而,必须说的是,这个演讲不再是苏格拉底的事情了。苏格拉底不是自己在说,而是在背诵一个别人的讲话(斐德若,244a),他让这段讲话引导自己,获得了凭着自己的力量所没法达到的知识。这里证实了他肯定自己无法认识自己。他嘴里说出来的不过是另一个人,即柏拉图所想表达的。

当涉及到爱欲时,柏拉图准确地指出了主人公的界限所在,这还可以在另一篇对话《斐勒布》中看出来。这篇对话如

---

① Palinodie 原意指古希腊诗人在做了一个渎神的演讲后,再做一个演讲,推翻或收回第一个演讲里的观点。

果被看作是(早期)经典的苏格拉底式对话,那么就无法理解了。《斐勒布》是晚期作品,是以有关伊利亚特学派的对话《帕墨尼德》和《智术师》为前提的,其中包含了十分明显的指向柏拉图本源学说的提示,亚里士多德曾提过这个学说。既然苏格拉底的思想在《帕墨尼德》中就已经显露出了自己的局限,而且在《智术师》中他也没有参加讨论,那么他在《斐勒布》中回归并重新成为主人公就难以理解了。但这种回归不是任意的;在这里,苏格拉底也同样不仅仅是作者(柏拉图)的传声筒;柏拉图并不是依赖其主人公的,他的另一篇关于法律的伟大对话《法义》充分证明了这一点。

苏格拉底在《斐勒布》的回归是精心设计出的效果。因为这里苏格拉底要对属于他的哲学本质的,对美的兴趣给出解释。在《斐勒布》中,苏格拉底重新认识了自己。当他为此半真半假地以神性的灵感为根据时(斐勒布,20b),这意味着,以下关于解答人的生活中什么是善的问题的讨论就不再是产生于他自己的问题视域(Fragehorizont)。柏拉图引导着苏格拉底走出了自己,以便能够对苏格拉底式的问题给出柏拉图式的答案,但同时又保持为苏格拉底式的问题。

4

政　治

哲学作为反政治

如果有人不关心政治,但却对其他持不同观点的人的(政治上的)冲动表示遗憾,或认为可笑,这一定会惹恼很多人;如果他不接受流行的政治观点,也不愿融入其他人在一起争吵、却又能和睦相处的共同体,那么别人一定很反感他,并认为他具有挑衅性甚至很危险。但对于这种人的麻烦和骚扰,挑衅和威胁,还是有一些适用的办法来对付的。难的是应付这种人:他既不是简单地从政治领域抽身而出,又不是在这个领域有着一个具有挑战性的职位,这样的话,人们还可以用政治手段来应对他。但苏格拉底既不是一个离群索居的怪人,又不是一个被唤醒了宗教意识的人，既不是一个政治上的挑衅者，又不是集体的敌人。

但这并不意味着苏格拉底没有这方面的特征。作为一个不修边幅的争辩家，而且经常出现在有俊美青年男子活动的集市和运动场，这确实是一个喜剧的主人公的形象；但在《申辩》中，苏格拉底坚决地同自己扭曲而失真的形象（Zerrbild）拉开了距离。他不是古怪的自然研究者或智者，像阿里斯托芬所描绘的那样；但像普罗塔戈拉或高尔吉亚似的优雅、圆滑的世俗中人作为喜剧的主人公反而不合适。

《申辩》没有回避苏格拉底哲学中令人不安和具有挑衅性的一面。苏格拉底说，他的知识检验给他招致了很多敌人，但原因可能并不是那些受到检验的人感觉受到了捉弄，尤其是当苏格拉底并没有像期待中的那样，证明自己是某些方面的专家时(申，23a)。更重要的是，一些富家子弟模仿苏格拉底，但可以想见，他们并没有苏格拉底的真诚——他们很容易就把知识的检验变成了幸灾乐祸和玩世不恭的游戏。很显然，苏格拉底确实腐化了几个年轻人。但这种事也同样在别人身上发生过，而人们并没有公开地想除掉他们。苏格拉底的挑衅有更深层的含义；因为这里关涉到的是他的政治哲学所带来的挑战。

苏格拉底所理解的政治哲学与政治之间是一种奇特的关

系。政治哲学承认政治的有效性,但并不臣服于政治;它宣称自己的优势不是政治性的,但却有着深刻的政治含义。第一点在《申辩》中有所表达。苏格拉底说,他尊敬雅典人,对他们抱有好感,但他更听从神,而不是他们(申,29d);关于第二点,苏格拉底的观点是,哲学关于美德的建议是政治共同体所能得到的最大的善(申,30a)。

政治与哲学处于一种紧张的关系之中,尽管其张力是不可调和的,但也不是完全无法忍受。政治与哲学的张力是可以承受得住的,因为哲学即便不是简单地承认政治价值的有效性,也不会在政治领域产生威胁。苏格拉底劝告公民培养品德,然而他并不像安提戈涅那样以神律为依据,来质疑人间的法律;他甚至不是反对现有的法律,以便要求更好的、更公正的状态。苏格拉底既不是原教旨主义者,也不是改革者或革命家。

恰恰因为如此,苏格拉底才触动了其他公民的敏感处:他使他们明白,他们不是他们自己相信的那个样子。这就使他与普罗塔戈拉截然不同。苏格拉底在《申辩》中,对普罗塔戈拉认为所有雅典人都是美德的教师的观点,做出了比在《普罗塔戈拉》里更坚决的反驳:只有一个人腐蚀了年轻人,而其他所有人都在提升他们的美德,这几乎不可能;而通常也不大会发生大多数人理解某事,而只有少数人对此是无知的情况

（申，25a－b）。大多数人（在苏格拉底看来）并不理解政治美德。苏格拉底不是民主的支持者。

　　但苏格拉底并没有就因此成为僭主和专制的同情者。对于与他打交道的那些有专制思想的年轻人，如忒拉叙马霍斯或卡里克勒斯，他向他们说明了他们生活态度的不可靠，并由此揭露了政治理所当然的自以为是。他们在生活态度上体现了政治的本质——在民主的生活态度中同样如此。因而苏格拉底所代表的哲学是无法完全翻译成政治的（话语）。而只有通过哲学理解和与之相应的生活态度才能应付政治内在的危险。政治关系越是理性的，也就是越哲学的；但如果完全是哲学式的，那么就不再是政治了。模糊与不确定，骚动与不安是政治的本质属性之一，它们尽管可以在哲学上被理解，但并不能被消除、解决。如果哲学想对付政治领域的危险，那么它就必须抵制后者的本性。正是在这种意义上，苏格拉底才与民主和专制形式的政治发生争执。

　　涉及到民主观点的相关讨论，在《克力同》中表达出来。克力同是苏格拉底的一位善良的老朋友，是民主局势下正常的政治意识的典型例子；对话所描绘的场景也很好地表现了这一点。克力同设法见到了审判后被囚禁的苏格拉底，并想劝说他逃亡。克力同这时考虑的自然是其朋友的利益。但是，这更关涉到了他自身的利益：苏格拉底应该拯救自己，因为要不然克力同就失去了他最好的朋友和他自己的好名声，而他好像更在意后者。克力同说，因为没人会相信，在有机会逃走的情况下，苏格拉底是自愿留在监狱里的；而富有的克力同没有用他的钱来解救他的朋友，这会被人理解为吝啬的标志。克力同不想被认为是个视金钱比朋友更有价值的人。因此，他恳请苏格拉底，必须要考虑"多数人的观点"（克，44b－d）。克力同考虑到了多数人的想法和观点，因而也证明了自己是他们当中的一员。

他为什么这么想，他自己说了。苏格拉底反驳他说，不是大多数人，而是明智的人（hoi epieikestatoi）的观点才是重要的；而明智的人大致都会认为，就应当采取苏格拉底所采取的态度。克力同则回答说，从苏格拉底的审判可以看出，多数人的力量有多么强大：受到他们的污蔑后，他们会做出最糟糕的事情（克，44c－d）。

这给了苏格拉底机会，来表达他和大多数民众的关系："如果多数人能够做出最糟糕的事情，但也能做出最大的善事，这就最好不过了。"（克，44d）苏格拉底是想说，大多数人其实什么也做不了。当他们审判某个受到他们污蔑的人，这显示的并不是他们的力量，而是他们的无能。只有知道自己在做什么的人才可能是强大有力的。这样说是针对民主的缺陷。按照《理想国》里的一个说法，当在民主主义者的灵魂中

"错误和欺骗性的话语和观点"占据了优秀的知识和习性,以及真实话语的位置(理,560b - c),那么人们所谓的民主的力量不过是无知和混乱的表象而已。每个人都在察言观色,关心别人的观点;或者与他们观点一致,或者同他们划清界限,因为只有这样才能产生大多数;哪里是大多数人说了算,人们就会顺从所谓大多数人的观点。

苏格拉底不能简单地用已经证明过了的知识的权威,来反驳朋友很明显的混乱逻辑。因为这样的话,别人就会以为他持有这样的观点,即实际上一门关于政治知识的技艺最终还是可能的。而我们从他与普罗塔戈拉的争辩和《申辩》中就可以看出,他并不是这么认为的。苏格拉底要谨慎许多:他不听从别的,而只听那些经过认真仔细思考而显示为最好的话语(即逻格斯[logos],克,46b)——然而显示为最好的,并不一定意味着就"是"最好的。

苏格拉底并没有因此就支持按照最好的观点来行动。仔细思考什么是自己认为最好的,而不是成为别人观点的奴隶,这显然要更好一些;然而,如果在思考时没有可以依靠的标准,那么只是思考就还什么都没有做。按照苏格拉底的说法,标准只是取决于思考的人的状态和特点。苏格拉底试着把克力同从没有根据的成见和观点中解放出来,并首先向他表明,观点和意见是要区分对待的;并不是所有的观点都同样有价值,而是有一些更好,另一些则更坏。更好的是那些理智的人的观点,坏一些的则是那些不理智的(克,47a)。他为了向克力同解释这里的区分的含义,不得不再次用技艺(technê)来做范例;但如果我们仔细观察那些重要的表达,苏格拉底的对于克力同来说完全不可理解的话语中,以隐藏的方式所暗示的东西就很明了了:人们不应该听信多数人所说的,而是该仔细思索理解正义和非正义的人所说的话——即那唯一的理智和真理本身(克,48a)。如此强调性的语气所指的只能是德尔斐之神。以哲学的方式来顺从这个神,才是摆脱意见①漩涡的唯一可能性。

然而这对于苏格拉底是否该从监狱出逃的具体问题,表明上好像没有实际意义。神并没有确定地说什么行为才是应当做的——他的预言也没有给出清晰的指示。但如果我们应该跟随神,而不是人的旨意,那么相应地就有一系列行为的可能性被排除了:所有只是在具体的某个情境下才有价值和意义的事物,在其他条件下就展现为另一种样子的——也就是说一切可变的——都不能通过神的尺度的衡量。苏格拉底提到,那些想轻易杀人,之后如果他们能够的话,又想让死者复

---

① 意见,Meinung,古希腊语为 δόξα,在柏拉图的思想中经常是真理和知识的反义词。

活的人,变化才是他们的思考方式(克,48c);也就是说,他们或早或晚都会为他们现在所做的事情后悔。雅典人也将会为处死苏格拉底而后悔(申,39c - d)。

正确的和公正的必须要有持久性;持久的事物,人们才不会现在认为是正确的,之后又认为是错误的。如果这才是问题的关键所在,那么苏格拉底就是用持久性和自己生活的一致性来对抗意见的漩涡和混乱。持久地、统一地去生活,意味着尽可能地去接近神(泰,176a - e)。也就是说去过一种好的(善的)生活。

当苏格拉底直接面对如何来判断逃亡的问题时,也是与此相关的。实际上这个问题用这句话就已经回答了:我们绝不可以自愿主动地去行不义之事(克,49a);考虑到眼前可能的逃亡,只有在苏格拉底认识到逃亡是不义(不公正)的前提下,才可以说是自愿地行不义之事。他根本没有去检验一下,逃亡是否在特定的情况下也可以被视为是正义的。对于他来说,逃亡很明显是不正义的,克力同也是这么认为的(克,49e)。

到目前为止,对于苏格拉底为什么承认对他的判决是公正的还没有定论。然而他的论证与此毫无关系。逃亡之所以是不义的,是因为逃亡本身就已经与贿赂和秘密行事连在一起了。它是不正义的,无论判决本身是否公正——只有这样,苏格拉底坚持不要以不义报复不义的说法才有意义（克，49b）。

　　苏格拉底和克力同之间的对话的第一部分就是以这句话收尾的。为了强调这句话的重要，苏格拉底要求克力同仔细考虑一下，他是否真的同意这句话；他，克力同，很清楚地知道，只有少数人会接受这种观点，而这在将来也不会有什么变化（克，49d）。大多数人则相信，谁遭遇到了不公和坏事，他就应该反过来也做坏事（克，49c）。不仅是民主的支持者们，而是所有有政治思维的人都这么想。不要以不义报复不义，这个听上去善意而无害的句子，突出了苏格拉底的思想与政治的距离，以及他的哲学的反政治的特征。

　　这种特征在《理想国》的第一卷，比在《克力同》更清楚地显示出来。在这里涉及到的是经过一番努力才取得的、后来是玻勒马霍斯（Polemarchos）所持有的观点，即善待帮助朋友和伤害敌人是正义的（理，332e）。这原本上是对正义从政治角度的定义：因为每个城邦都是有局限的，而且并不是在所有条件下都是安全的，所以只有在愿意保卫城邦的前提下，才能以城邦的名义行动。玻勒马霍斯因此不无道理地认为，他所定义的正义只有在战争中才得以实现（理，332e）。

　　尽管苏格拉底用一些论点来反驳他年轻的对谈伙伴，但这并不意味着玻勒马霍斯关于正义的想法是不现实的。他的想法不过是不够准确，尤其是当他不能说出，正义在和平年代有什么意义时(理,332e－334b)；我们是应当帮助表面上的朋友还是真正的朋友，与此相应，是去伤害表面上的敌人还是真正的敌人，在这样的问题面前，他还是无言以对(理,334c－335a)，这也同样说明他没有经过深思熟虑。考虑到第一条关于和平的问题，他定义的第一部分，即帮助朋友，自然在和平时期也要保留的。苏格拉底的第二个反对意见说的不过是，公正的人必须能够真正区分敌友——就像狗不会被谄媚的陌生人的行为所欺骗，而熟悉的人即使没有和它亲热，它也能认得出来(理,376a)。

狗的真正能区分敌友的能力，在苏格拉底看来，就证明了它们有爱智慧的天性(理,375e)。如果这真是苏格拉底的观点，那么他对政治意义上正义概念的质疑，就不是因为想要求一种对人类的普遍的爱。其实对哲学家而言，也有敌人。实际情况确实如此，《克力同》可以证明：可以遵循不以不义来报复不义这个准则，但这不适用于同那些不遵守这个原则的人打交道。这两种人会互相蔑视(克,49d)，这是真正的、哲学意义上的区分敌友；人们在各自的决定和行动目标(bouleumata)上可以识别对方(克,49d)，而且不会被奉承和谄媚所欺骗。

尽管如此，从哲学角度对政治意义上的正义概念的反驳还是有根据的，而且还是以苏格拉底的原则为依据的。因而对于他而言,一切都取决于在关键的一点上驳斥玻勒马霍斯:即我们不该伤害敌人(理,335b - e)。然而首先这并不意味着,在为正义而努力奋斗的人与不义之人之间的敌对立场就是被否定的。同时也不等于主张不正义的人应该逃脱惩罚——按照《高尔吉亚》里的说法,惩罚甚至是一种帮助的可能性(高,472d - e)。最后,这也不意味着对不正义之人的斗争是有什么可以指摘的;没有证据表明,苏格拉底把自己理解为和平主义者。然而,在政治领域是没法确定无疑地说出,表面上看上去像是敌人的,而因为他们的不义就是真正的敌人。谁想与表面的或真正的敌人作斗争,就避免不了以这样或那样的形式伤害到他们。从哲学的角度所理解的正义,在政治领域是从来都没法真正实现的。政治与哲学之间就这样裂开了一道鸿沟。

如果苏格拉底的立场和观点就止于此,那么苏格拉底就好像是第一个持有一种毫不妥协的、因而是纯粹的正义观点的代表了;政治也因而就被理解为是对其应该所是的(正义)的偏离。但是,苏格拉底根本就没有认为,在政治生活的谬误中就没有真理了,或者是在不正义的状态中就没有正义的可能了。对玻勒马霍斯所代表的立场的反驳,并不等于因为政治从原则上达不到哲学对正义的理解,就完全地否定了政治领域。恰恰相反,苏格拉底只是想说明,敌对关系尽管不可避免地属于政治的本质,但却不能为理解正义提供根基。因而我们一方面不能否认敌对关系的存在,另一方面我们又不能以其为路标。

从苏格拉底把玻勒马霍斯所定义的正义称之为暴君式的,就可以清楚地看出,为什么苏格拉底是这么认为了(理,336a)。帮助朋友、伤害敌人,这个原则是源自权力的逻辑;按照这个逻辑,正义的行动就在于增加扩大自己的权力,同时削弱威胁自己力量的、他人的权力。如果坚持这个逻辑,贯彻到底,就会得出后来《理想国》里的忒拉叙马霍斯所代表的观点:正义的就是对强者有利的(理,338b)。

这种论点站不住脚,但这并不是因为它是恶意的、愤世嫉俗的(zynisch),也不是因为它会导致极端的相对主义:从一种不抱幻想的、现实的视角来看待政治历史,甚至很有可能会证实这种论点。这种论点之所以是没有根基、站不住脚的,是因为它不能认清、解释什么是真正自己的(das Eigene),尽管它主张在针对他人时要保护和增强自己的利益。忒拉叙马霍斯所主张的那种思想完全是以斗争为标尺的,因为它是以强弱之间的对抗为指向的。然而,自己的(利益)在他人的面前要被增强时,自身却不能因矛盾而分裂。团结一致是强大的必要条件,而团结一致是不能没有正义的。正如苏格拉底所说,即使是一帮强盗,他们的帮派成员之间也必须公正地对待彼此,这样他们才能一起做不义之事(理,351c)。也就是说,(他们之间的)和睦一致是他们去争斗的前提条件。即使斗争的意志在政治领域不可避免,但它也不能成为政治生活的基础。只有当人们不再以斗争为标尺,才有可能提出如何公正地对待敌人的问题,这后来在《理想国》中有过详细的讨论(理,469b–471c)。

苏格拉底认为,这个思想不仅是对于不同样式的集体生活,而且对于个人而言都是有效的。作为个人,一个人也可以与自己发生矛盾斗争,那他就不仅是自己的敌人,也是主张和睦统一的正义之人的敌人(理,352a)。这里可以很清楚地听出《理想国》整篇的一个基本思想:正义是个人也是团体的事情;一个城邦可以是正义的,而一个个体公民同样可以是正义的。这篇对话里想阐明和解释的就是两者之间是如何紧密相连,并且互相依靠的。

在此过程中,对话的叙述逐渐走出苏格拉底的独特视角:当哲学与政治的关系本身越来越成为对话的主题时,(柏拉图的)文本就渐渐变成了有距离地、解释性地展现苏格拉底的生活。这在已经讨论过的个人与城邦的紧密相连的关系中就已经显露出来了。这同样在所谓的洞穴喻及其解读中表现出来,这里苏格拉底以诗歌的意象反思了他自己的命运:在城邦的洞穴里,(人们的)意见(而不是知识)占主导地位,权力斗争

题,要求别人回答的(克,50c - d)。

要想理解为什么会是这样,就不能把法律看作仅仅是固定的、约定俗成的规则。尤其是不能把它们理解为智者派所认为的习俗;人们可以看透习俗的相对性,并因此怀疑他们的有效性。然而,我们同样也不应该联想到神祇的永恒的律法,像安提戈涅所援引的法律那样。相反,这里所指的是城邦如何能包容和统一个体的形式。法律是城邦共同的、普遍的(to koinon tês poleôs,克,50a),是使城邦之所以成为城邦的共同普遍性。

城邦不只是公民而已,只要公民们还关心城邦共同的事物,只要一个城邦在本质上可以等同于律法,它就可以脱离公民而自主独立出来。尽管这与近代以来的、与社会相区别的国家概念差距还很大;但这也同样与雅典当时已经建立了的民主制相矛盾。城邦是与法律一起被语言表达出来的,它不是由公民的意志所决定的,因为那样的话就随时可以改变。同公民相比,它有着自己独特的地位和重要性。

这与生活的各个方面都有关。个人生长于集体之中,集体赋予他们一种具体的生活和教育,也就决定了他们具体是什么样子。个人生活的具体和独特性是源自某一种独特的生活形式。在习惯和习俗、规则和机构中体现出来的生活形式是个体生活的源头和活动余地,因此比起个人来要更有权威,就像在一个家庭中的父亲。如果在法律中表达出一种生活形式，并拥有类似的权威，那么法律就代表了祖国的样子（patris，克，51a）。

从这个方面来看，法律的权威有着专制的特征；它不允许反抗，所以个人在它面前只是奴隶而已（克，50e）。个人并没有和他所从属的生活形式同样的权力（克，50e），而是要盲目地服从后者的规定。所有这些都给克力同留下了深刻的印象，或许也把他吓住了。在回答法律是不是真的应该以这样的权威出现这个问题时，他回答道，至少在他看来，好像是这样的（克，51c）。

然而，他这样就显露出实际上并没有把自己理解为公民。像上述的这种专制团体配不上被叫做城邦。接下来法律以苏格拉底的声音所展开的内容则属于城邦的本质：一个雅典人是有离开他所出生和成长的共同体的自由的，去寻找另一种生活方式，或者是在殖民地，或者决定去其他没有完整的公民权的地方去生活（metoikein，克，51d）。

人们经常行使这种权利和自由，尤其是出于经济的原因；人们选择离开，是因为城邦人口过多，而在其他城邦有可以过上更好的生活的希望。但在《克力同》里，公民自由和政治共同体则紧密连在一起：集体面对个人时的权威，只有在得到个人的承认时才得以成立。另一方面，这并不意味着通过个人

143

的认可才产生了城邦的权威;权威的存在,同样是因为集体是一种超越并塑造了个人的生活形式。然而,只有通过个人的自由,集体的权威才让人认识到它的约束性,而不仅仅是暴君的独裁而已。这样一来,城邦的这种生活形式就证明是个人的自由空间。而面对这种自由空间时的约束性和责任才是政治性的。

当苏格拉底宁可选择留在监狱里,接受死亡,那么其原因就在于政治的约束性。(在《克力同》里的)法律的声音特意提醒苏格拉底,他曾在法庭上宣称不想流亡的(克,52c)。这样,他就又一次地承诺接受法律的约束,而逃亡则意味着彻底地与习惯和契约(synthekê、homologia,克,52d)相决裂——也就是说与那两种使苏格拉底成为公民的义务相决裂。逃亡就会毁掉苏格拉底自己作为公民的身份,也同样会伤害(作为城邦生活形式的)自由空间,而后者没有公民一方的认可是不能存在的。如果这是苏格拉底留在监狱里的真正原因,那么判决是否公正就无关紧要了。法律甚至承认,判决是不公正的;但这与法律无关,因为苏格拉底受到的是人,而不是法律的不公正待遇(克,54b - c)。是人们错误地解读了法律,所以法律本身是无辜的。

尽管城邦的其他公民以不公正的方式对待苏格拉底,苏格拉底还是愿意继续做一个城邦的公民,即使是要付出生命的代价。如果不把城邦与其公民分开来,就不可能有这样的想法。但苏格拉底并不仅仅是接受律法和政治道德的抽象原则的约束而已。他想要继续做雅典的公民,而至于雅典的法律是否是很好的,他毫不关心。与柏拉图不同,苏格拉底并不去追问什么是最好的政治秩序的问题。尽管苏格拉底认为斯巴达和克里特的法律要更好(克,53a);但很显然,这并没有让他产生去更全面地思考这个问题的动力。(呆在)自己的城邦对他来说是理所当然的事:他既没有离开过城邦去参加节日庆典,也没有在旅行中去了解其他的城邦和它们的法律(克,52b)。

苏格拉底所表达的忠诚就是爱国主义:与一种生活形式保持一致,并在政治自由中表示对它的认可。而这其中还隐藏着另一个主题:作为公民,要与自己保持协调一致。苏格拉底不想自己否定自己;他不想出卖他生于斯、长于斯的(政治)生活形式,因为他不想成为自己的敌人。按照《理想国》里的说法,和睦与协调一致才是公正的,而个人的矛盾与争执则是不公正的特征,所以这样看来,苏格拉底的爱国主义就是公正的。他的生活就是他的政治公正的形式,而这种形式是有过失的雅典人无法向他索求的(奥特曼[Ottmann],1989)。赴死对苏格拉底来说不是哲学上的殉道,也不是他给雅典人想上的关于公民学问的一课,而是他在被判决后,保持与自身一致协调和继续为善的唯一可能性。

　　然而,当死亡确定无疑地即将来临时,苏格拉底还能如此(镇定地)坚持自己的立场,与自身保持一致协调,这并不是理所当然的。虽说对城邦的义务也包括愿意参加战争,并在危险的时刻不离开自己在战斗阵形中的岗位(克,51b)。苏格拉底显示出,他能很令人信服地把这种士兵的坚毅转化到法庭上的民事关系中(克,51b;申,38e - 39a),并说明作为公民不应该把自己的生命看作最高的价值——而对曾经当过重装步兵的苏格拉底来说(申,28e;会219e - 221c),他知道自己在说什么。但是,自己的生命受到威胁与确定无疑的死还是有所不同。苏格拉底不怕死,这件事本身与他自认为是城邦的公民就没有关系了,而是与他认为生命在死亡之后不会终止的观点有关。

5

尾　声

关于彼岸和来世的思想,苏格拉底在《申辩》中就已经提到了。但他这里考虑到了来世生命的可能性,只是为了说明为什么死亡对他来说不是坏事;而对于彼岸的问题,他其实并没有回答。死亡可以说是最大的善事,因为死后就可以摆脱尘世那些自封的法官,在阴间遇到那些真正的法官,并与那些古代的伟人在一起(申,40e－41a)。而死亡就像没有感觉的睡眠,也不是坏事,因为可以替代和补偿生命中的辛苦(申,40d－e)。面对克力同,苏格拉底不过是以自己的高龄为由,来解释自己在死亡面前的沉着冷静(克,43c)——这个观点在《申辩》里就提到了。更多的(理由),理智而老实的克力同也理解不了。

苏格拉底在《申辩》和《克力同》里有所保留而没说出来

149

的,在《斐多》里具体地表达出来。在他死前的最后一席谈话里,苏格拉底想要他的伙伴们明白,死亡面前的泰然处之与灵魂不死的观点是紧密连在一起的。这个对话可能是柏拉图所刻画的苏格拉底形象中最令人难忘的,也因而给人留下的印象最深刻。

《斐多》的主题是关于哲学与生活的紧密关系。因为哲学的生活要想可信地表达出来的话,只能是以个人的形式,那么苏格拉底这里就必须以个人的形象出现在对话的中心。因此,《斐多》对哲学的刻画和展现给人留下了非常深刻的印象。除此之外,这里的描写在所有柏拉图的作品中是最极端的:别的地方都没有像在这里毫无保留地赌上了哲学的可能性。在《斐多》里所讨论的是,哲学在一种完全不可想象的情况下是否还能存在的问题;也就是说,当死亡即将来临,我们是否还能信赖哲学和哲学的逻各斯;这种极端的情况有着普遍的意义,所以问题就是,哲学的逻各斯是否从根本上是可以信赖的。苏格拉底最后的挑战就是来证明这种(逻各斯的)可靠性。

苏格拉底是被迫才这么做的。在他生命的弥留之际,他转向了诗歌、神话,并已经告别了哲学。如他自己所说,在死亡即将来临之前,应该以讲神话故事的方式(mythologein)来讲述走向彼岸的历程,而人们或许相信彼岸的存在(斐多,61d - e)。

克伯斯(Kebes)是两位年轻的毕达哥拉斯学派成员之一,

他们与传统的关系已经不那么紧密了,苏格拉底是与他们展开对话的,但他们并不承认苏格拉底的观点。克伯斯不相信,哲学家可以把死亡看作是生命中值得追求的目标。同时,他这样也就含蓄隐晦地挑战了苏格拉底的神话叙事,而苏格拉底就是这样来讲述由生到死的过渡的;克伯斯总是提出一些反对意见,他根本不想立即相信别人跟他讲的话(斐多,63a)。当然,(柏拉图)这里并不仅仅是想批评他。然而,让人吃惊的是,苏格拉底这里竟然很明显地期待克伯斯应该相信他的话,也就是说他应该让自己被苏格拉底说服(überzeugen)。而按照高尔吉亚这个智者和演讲家的说法,这正是演讲术的目标(高,452d–e)。

这里我们看到的情况实际上与修辞学有关,而不是哲学对话;当别人怀疑苏格拉底关于死亡的神话和意象时,他把这种怀疑理解成是要求他自我辩护:克伯斯和西米雅思(Simmias)期待的是一场"如同在法庭上的辩护"(斐多,63b),目标应该是说服他们两个(斐多,63d)。当高尔吉亚把修辞学的主要目标解释成说服听众,他的第一个例子甚至就是法庭上的演讲(高,452b);因为它是以说服别人为目的的演讲的集中体现。

《斐多》里上演的却是一种非常独特的辩护。之前在《申辩》中,苏格拉底试着为自己在雅典公民前辩解,而在《克力同》里则是在城邦的法律面前,而现在他必须在要求论证的问题面前提供根据和解释；他在《斐多》里的辩护是在哲学思想的法庭上完成的，以克伯斯和西米雅思为代表，尽管他们还不成熟完美，却有着年轻人的决心和坚定。他们要求苏格拉底，把他自以为能用神话的形式表达出来的东西翻译成逻各斯：即他的哲学生活和其相应的为此而牺牲的决心。

如果苏格拉底转向神话，这样真是符合临死之前的情况，那么他就不可能满足克伯斯的要求。但他不能拒绝克伯斯的要求，因为他在神话里所表达出来的，正应该是他生活的圆满结局，而他的生活本质上是由明证性的和论述性的逻各斯的约束来定义的。那么就只剩下一条出路了：苏格拉底必须自己证明神话（mythos）与逻各斯之间的紧密关系是可信的。他必须证明，不可定义的事物是可以翻译成哲学概念的。这样一来，他就又一次地谈到了虔诚和哲学的统一性的问题。

然而涉及到死和死后灵魂继续存在的问题，这就是很艰难的考验。克伯斯这里很恰当地提到我们内心中有个小孩子，我们必须设法劝说和说服他，他才能不怕死，像不怕幽灵一样（斐多，77e）。苏格拉底试着想赶走这个幽灵，这里暴露出了他哲学说服力的局限：哲学言论并不能带来克伯斯和西米雅思所希望的确定性。这就导致了对哲学话语的憎恨（Misologie）。如苏格拉底所说，对逻各斯的恨和厌恶的产生与对人的憎恨的产生是一样的：都是出于过多的信任而产生的失望。憎恨都是由于"没有技巧地信任"（aneu technês, 斐多, 89d）而产生的，从一种极端的、毫无保留的积极态度陷入到另一种极端的、愤懑不平的拒绝。

这种盲目的信任是天真的，而且没有经过反思，这是很容易理解的；但为什么是"没有技巧的"，这里就不能把技巧理解为可以掌控的技能，而是区分和判断的能力：如果我们在苏格拉底所说的这种技巧方面有经验，就会理解知识的界限。在《申辩》中，知识被称之为"人类的智慧"（antropinê sophia, 申, 20d）。

人类的智慧这里指的是承认（有效性）和接受的艺术；谁要是在这方面有经验，就不会对人和话语提出过分的要求。因此，这门艺术是对付由于天真的信任而产生的失望和憎恨的唯一方法。同时，这种承认的艺术可以应对那些自信地声称可以掌控一切的人，也就是对付那些声称哲学的思想和说理无所不能的人。最终，克伯斯和西米雅思所必须经历的是，不审慎的思考比天真还要更危险；这样的思考会毁掉它自己的有效领域（Wirkungsbereich），因为它想完全地（用哲学概念）定义和把握住这个领域。他们两个要求苏格拉底，要他在哲学的法庭上为自己辩护，这样他们就面临着要变成智者们毫无根基的思想和对话的危险；也就是说，存在着一种危险，即"逻各斯死掉了，而我们也没有能力重新唤醒它的生命"（斐多, 89b）。只有承认和接受一种有效领域，才能有所作为。这里,重要的不是成功与否,而是我们要看清某种能力的界限,这样才能释放和发挥能力。承认的艺术是各种艺术的隐秘本质——也恰好同样是哲学话语的本质。

为了不让与克伯斯和西米雅思的哲学对话死掉,苏格拉底必须克服和战胜他们的怀疑,而这是通过他打倒那个怀疑的和自我毁灭性的逻各斯来做到的(斐多,89c)。苏格拉底必须说服他的对话者相信,逻各斯是值得信赖的,这样他也就必须用到修辞和演讲术。因为他只是想说服人信赖和接受(逻各斯),所以他并不想控制克伯斯和西米雅思的思想。苏格拉底必须以反修辞的方式来进行修辞性的演讲。

苏格拉底的方式是,首先,他公开承认他的演讲有修辞特征:他这里的演说和行为并不是爱智慧式的(philosophôs),而是好争辩,并喜欢击败对手(philonikôs)。这么直白地说出来,等于是把获取胜利的最有力的武器拱手让出——实际上最好的说服别人的方式是要声称自己说的是真理。苏格拉底紧接着说道,他的目的并不在此(斐多,91a)。只有这样,他才能达到自己的目标,因为他并不是想说服克伯斯和西米雅思接受某一个观点,而是让他们回到对逻各斯的信赖。

没有苏格拉底自己对逻各斯的信任,这是不可能的,而且他要把他的信任表达出来,能让其他人接受。而在其中他越是不考虑其他人,结果其他人被说服的可能性越大。所以苏格拉底说,他并不关心,是否在场的人认为他所说的是真的——或者说这至多只是次要的附属品(parergon)——,重要的是他自己首先要相信他所讲的是真的(斐多,91a - b)。说服别人只能是次要的附属品。只有先展示自己的观点,然后才能说服别人;这样最终才能间接地达到意想不到的效果。这样,修辞学这里就通过反其道而行之而实现了自己的目的。①

苏格拉底讲述了他自己的故事,即他自己如何信任逻各斯的:因为有理念的存在,才有可能以一种可靠的方式,来在关联之中、在一和多的协调互动中展示存在者。苏格拉底相信逻各斯,因为它使辩证法成为可能,并以辩证法的形式证明自己是可靠的。当苏格拉底通过几个例子来阐明这一点时,他不过是想为后面的重点提供先决条件:即“说明(事物存在的)原因,并证明灵魂是不死的”(斐多,100b)。只有这样,才能在对话中显示出苏格拉底逻各斯的力量。

证明是否成功了,这个问题从逻辑的一贯性角度来看是很容易回答的:苏格拉底是这样讲解的,一个东西只有分享了热(的理念)才能是热的,而相应地,只有当它内部有生命时,它才是活的。热与生命以某种特别的形式显现出来——例如

---

① 修辞学本来的目的其实是说服别人,而这并不是苏格拉底这里的主要目的。

火和灵魂。灵魂不能没有生命存在,而因为生与死是不能并存的,所以灵魂是不能死的;它不能接纳死亡,因而是不朽的(斐多,106a－b)。但还存在着另一种可能,即灵魂在死亡到来时消失了,或像克伯斯所担心的那样,灵魂消散了。就这一点,苏格拉底还可以补充道,如果有什么事物是不朽的,那么肯定就是生命的理念。如果灵魂必然包含着生命的理念,那么它也同样如此(斐多,106d)。

然而,并没有办法能够证明生命的理念和灵魂是不死的。尽管苏格拉底达到了他想达到的目的:他展示了灵魂不死的原因,但这个原因是不能被肯定的、确定的概念所定义。生命的理念和苏格拉底认为与它同属一体的神一样,都是退隐的:如他所说,至少是神和生命的理念都是不死而永恒的(斐多,106d);生命的理念就是善的理念,它是神在哲学意义上可以追问的形式。

这就突出强调了在《申辩》中所阐述的观点:哲学是从思想上上升到在思想中所没法确定把握的。哲学没有最终的根基,它没法通过回到这样的根基而给出自己存在的理由。当我们寻找(哲学)最终的根据时,哲学就显出它的深渊性,①因此当涉及到它自身的可能性时,哲学必须以它的方式展示出

---

① 德语的深渊(Abgrund),词干正是原因、根据或根基(Grund)。

156

修辞性的一面：它的逻各斯必须是以最强的面目出现，而这最好是以哲学生活本身来显示说服力——而要表达的就是一个人如何信赖逻各斯，并全力投入到逻各斯所应当表现的。

因为哲学在其表现和自我表现的过程中是有修辞特征的，所以我们不能期望哲学能够提供最终确定的明证性。到最后，很典型的是，苏格拉底想说服别人的企图所达到的效果也分成两种：克伯斯是被说服了，但开始时并不怎么怀疑的西米雅思反而承认，他对此还是保留一些怀疑和不相信（apistia）；他说，这是因为所谈到的事情重大，而他对于人性的软弱还是抱有怀疑（斐多，107a－b）。苏格拉底同意西米雅思的说法：我们必须还要仔细研究哲学思考的那些首要的前提条件和根基（die ersten Grundlagen），即使它们看上去是可以信赖的（斐多，107b）。只有通过长期的练习，哲学才能真正地令人信服。西米雅思比克伯斯更好地理解了这一点，所以哲学的修辞术在他身上的作用最终还是更大一些；他至少模糊地意识到了，哲学话语只是让人来理解哲学本身并没法控制的事物。

当苏格拉底在与克伯斯和西米雅思的哲学对话的结尾处要求再仔细地研究哲学"首要的根基"，这很显然可以被视为作者柏拉图关于他自己哲学计划的一个暗示：苏格拉底不仅强调了哲学的未完成性和不可终止性（Unabschließbarkeit），他也不仅强调了哲学是对话，也因此就要不断地重新开始，而且他也给了他的学生柏拉图一定的权利，重新出场并开始更根本地研究哲学的根据——理念。这样看来，恰恰是因为《斐多》展示了苏格拉底的哲学和生活的统一性，这篇对话也指出了如何走出苏格拉底。

对话的外层框架叙事也说明了，作者并不只是顺便提到而已：斐多作为叙述者，讲述了苏格拉底生命中的最后几个小时里，一群哲学家如此积极地参与讨论，当对话面临失败的危险时，他们受到了直接的触动；当有关灵魂不死的第二次证明失败之后，小组的发言人埃希克拉特斯（Echekrates）显得很愤怒（斐多，88d-e），因而他以大家的名义强调，他非常地赞同用理念论来解决这个没有出路的难题（Aporie，斐多，102a）。也就是说，《斐多》的作者想让我们理解，苏格拉底的思想即使是在它的创作者死后也仍存活着；当时听众的关切表明，这提醒了每一个后来人，也包括柏拉图对话的读者，要自己去思考判断这些思想是否前后一致和有说服力。

毕达哥拉斯学派的一些主题在对话中频繁出现，这也表明了对话的意图。斐多叙述的听众同克伯斯和西米雅思一样，都属于毕达哥拉斯学派；在阐述灵魂不死时，曾多次引用到了一些思想和神话，它们众所周知，都起源于毕达哥拉斯学派。但是，这并不意味着要与这个传统发生联系，并在这个传统的关系之中来讨论对话的题目——相反，这里突出的是毕达哥拉斯学派这个传统的分崩离析,比如克伯斯就承认,他和西米雅思并不熟悉斐劳洛(Philolaos)①的学说(斐多,61d)。柏拉图并不想延续某个传统,而是要建立一个(新的)传统。

这恰好在讨论毕达哥拉斯学派的主题时表现得尤为明显。在《理想国》中的一个关键段落曾提到毕达哥拉斯。在论及荷马和他的贡献时,苏格拉底问道,是否诗人荷马在世时是个教育家,以及他是否给后来者打开了一条荷马式的生活道路——"就像毕达哥拉斯本人受到爱戴那样,因为后来人现在还把他们的生活方式叫做毕达哥拉斯式的,并因此而感到优越自豪"(理,600a – b)。与此类似,《斐多》的著者(柏拉图)也想提出苏格拉底式的生活方式的说法,并暗示谁的生活要是在将来可以被称作是苏格拉底式的,那么他也会感到优越自豪。但承认这种生活方式(作为楷模)的约束性,并不一定表示就要停留在苏格拉底的观点上面,柏拉图已经指明了这一点。一个哲学生命因其个人性是无法模仿的,但后来人可以以这种生命(形态)为榜样约束自己,这样,思想(Denken)的继续发展就与纪念(Gedenken)紧密相关了。

---

① 斐劳洛(Philolaos)是公元前 5 世纪的一个很有影响的毕达哥拉斯学派的代表人物,克伯斯和西米雅思曾在他那里学习过。

译 后 记

　　《苏格拉底》这本书是关于苏格拉底这个人物的思想传记。本书严谨的论证、深刻而复杂的学术语言风格对译者是个挑战，也是在两种语言"之间"进行思想转换的一次有益的实践。鉴于德语和中文在语法、句子的逻辑结构和表达方式上的差别，在本书的翻译过程中，译者并没有去刻意追求译文在中文语境里的流利和美感。这样或许反而保持住了德语乃至古希腊语的无法被磨平的他异性；而翻译，尤其是哲学翻译，作为桥梁，一方面是要把陌生的思想和事物拉近到我们中文读者面前，但如海德格尔所言，更是要把我们读者"翻"（über-setzen）到另一种语言中的"思想的事情"中去。

　　一些德语、希腊语的关键词和概念，译者在中文翻译后的括号里给出了相应的原文。读者可能不是很熟悉的人名在第一次出现时也给出了原文。德语名词的阴、阳、中性为适应中文习惯，做了相应的调整。在某些句子中，适当地在括号里添加了一些词，以使句子流畅易懂。所有解释性的脚注均出自译者。希腊语词的拉丁字母书写方式是按照德语习惯的方式改写的。柏拉图对话的中文翻译主要来自译者，并参考了已有的中文译本。如有不妥之处，请读者、专家指正。

杨　光

2014 年 10 月，德国弗莱堡

引用方式和缩写

所有柏拉图对话和其他基本文本的引文都是以书名缩写的形式标出出处,原著作者主要参考和引用了施莱尔马赫(Schleiermacher)的柏拉图对话译本。行文中二手资料的引用给出了作者的名字、页码以及年份,在文献目录中可以找到所引用的书和文章的详细出处。

1. 柏拉图对话缩写

阿尔喀比亚德(Alikibiades,阿)

申辩(Apologie,申)

卡尔米德(Charmides,卡)

书简七(Siebter Brief,书简七)

游叙弗伦(Euthyphron,游)

高尔吉亚(Gorgias,高)

希琵阿斯前篇(Hippias minor,希前)

伊翁(Ion,伊翁)

克力同(Kriton,克)

拉克斯(Laches,拉)

美诺(Menon,美)

斐多(Phaidon,斐多)

斐德若(Phaidros,斐德若)

斐勒布(Philebos,斐勒布)

治邦者(Politikos,治)

普罗塔戈拉(Protagoras,普)

理想国(Politeia,理)

智术师(Sophistes,智)

会饮(Symposion,会)

泰阿泰德(Theaitetos,泰)

蒂迈欧(Timaios,蒂)

2. 色诺芬的著作

希腊史(Hellenika,希)

回忆苏格拉底(Memorabilien,回)

3. 亚里士多德的著作

尼各马可伦理学(Nikomachische Ethik,尼伦)

形而上学(Metaphysik,形)

诗学(Poetik,诗学)

修辞术(Rhetorik,修辞)

4.其他著作

图斯库鲁姆对话,西塞罗(Cicero, Gespräche in Tusculum,图斯)

明哲言行录,第欧根尼·拉尔修(Diogenes Laertius, Leben berühmter Philosophen,第欧)

参考文献

A. 原著和基本文献

Aristoteles: Nikomachische Ethik, hrsg. v. Günther Bien, Hamburg 1985.

Aristotelis Ethica Nicomachea, Recognovit brevique adnotatione critica instruxit I. Bywater, Oxford 1894 u. ö.

Aristoteles' Metaphysik, Griechisch-deutsch, In der Übersetzung von Hermann Bonitz. Neu bearbeitet, mit Einleitung und Kommentar hrsg. v. Horst Seidl, 2 Bd. , Hamburg 1978.

Aristotlels Metaphysics, A revised Text with Introduction and Commentary by W. D. Ross, Oxord 1924 u. ö.

Aristoteles: Rhetorik, übers. , von Franz G. Sieveke, München 1980.

Aristotelis Ars Rhetorica, Recognovit brevique adnotatione critica instruxit W. D. Ross, Oxford 1959.

Aristoteles: Poetik, übers. und hrsg. von Manfred Fuhrmann, Griechisch-deutsch, Stuttgart 1982.

Aristophanes: Komödien, nach der Übersetzung von Ludwig Seeger, hrsg. von H. -]. Newiger, München 1990.

Marcus Tullius Cicero: Gespräche in Tusculum, Lateinisch-deutsch, hrsg. von O. Gigon, München/Zürich 1984.

Diogenes Laertius: Leben und Meinungen berühmter Philosophen (Buch I-X), übers. v. Otto Apelt, hrsg. v. Klaus Reich, Hamburg 1990.

Diogenis Laertii Vitae Philososophorum (Tomus I-II), Recognovit brevique adnotatione critica instruxit H. S. Long, Oxford 1964.

Platon: Werke in acht Bänden, Griechisch-deutsch, hrsg. v. Gunther Eigler, Darmstadt 1977 und 1990.

Platonis opera (Tomus I-V), Recognovit brevique adnotatione critica instruxit Ioannes Burnet, Oxford 1900 u. ö.

Sophokles: Dramen, Griechisch-deutsch, hrsg. uncl übers. von Wilhelm Willige, bearbeitet von K. Bayer, München/Zürich 1985.

Xenophon: Erinnerungen an Sokrates (Memorabilia), Griechisch-deutsch, hrsg. von P. Jaerisch, München/Zürich 1980.

Xenophon: Hellenika, Griechisch-deutsch, hrsg. von G. Strasburger, München/Zürich 1988.

Die Fragmente der Vorsokratiker von Hermann Diels, hrsg. von Walter Kranz, 6. verbesserte Aufl. , 3Bde. , Griechisch-deutsch, Zürich/Hildesheim 1985.

Socratis et Socraticorum Reliquiae, collegit, disposuit, apparatibus notisque instruxit Gabriele Giannantoni, Vol. I-IV, Neapel 1990.

B. 苏格拉底的人物、思想传记

Adorno, F. : Introduzione a Socrate, Bari 21973.

Birnbaum, W. : Sokrates. Urbild des abendländischen Denkens, Göttingen 1973.

Böhme, G. : Der Typ Sokrates, Frankfurt/M 1988.

Burnet,]. : Greek Philosophy, Thaies to Plato, London 1914 (ND 1968), 102—16;.

Festugière, A. J. : Socrate, Paris 1934 (deutsch: Sokrates, Speyer 1950).

Finley, Moses J. : Sokrates und die Folgen, in: Ders. , Antike und moderne Demokratie, Stuttgart 1980.

Gigon, O. : Sokrates. Sein Bild in Dichtung und Geschichte, Bern 1947; Bern 1979.

Guardini, R. : Der Tod des Sokrates, Mainz 1987.

Gulley, N. : The philosophy of Socrates, London 1968.

Guthrie, W K. C. : Socrates, in: Ders. : A history of Greek philosophy Bd. III, Cambridge 1969, S. 313—507 (als Separatdruck erschienen Cambridge 1971).

Hegel, G. W. F. : Vorlesungen zur Geschichte der Philosophie I (=

Werke in zwanzig Bänden. Auf der Grundlage der Werke von 1832—1845 neu edierte Ausgabe. Redaktion E. Moldenhauer und K. M. Michel, Bd. 8), Frankfurt/M 1971.

Irmscher, J. : Sokrates. Versuch einer Biographie, Leipzig 1982.

Jaspers, K. : Sokrates, in: Ders. : Die großen Philosophen, Bd. 1, München 1957, 105—127.

Joel, K. : Der echte und der Xenophantische Sokrates, 2 Bd. , Berlin 1893 und 1901.

Kierkegaard, S. : Über den Begriff der Ironie. Mit ständiger Rücksicht auf Sokrates, hrsg. und übers. von E. Hirsch, Düsseldorf-Köln 1961.

Kuhn, H. : Sokrates. Ein Versuch über den Ursprung der Metaphysik, Berlin 1934.

Leider, K. : Sokrates, Hamburg 1970.

Maier, H. : Sokrates. Sein Werk und seine geschichtliche Stellung, Tübingen 1913 (ND Aalen 1964).

Martens, E. : Die Sache des Sokrates, Stuttgart 1992.

Martin, G. : Sokrates, Reinbek bei Hamburg 1967.

Mondolfo, R. : Socrates, Buenos Aires 1969.

Nebel, G. : Sokrates, Stuttgart 1969.

Nietzsche, F. : Die Geburt der Tragödie aus dem Geiste der Musik, in: Ders. : Kritische Studienausgabe Bd. 1, hrsg. von Giorgio Colli und Mazzino Montinari, München 21988, 9—156.

Reale, G. : Socrate. Alla Scopertadella Sapienza umana, Milano 2000.

Ritter,C. :Sokrates,Tübingen 1931.

Schrempf,C. :Sokrates. Seine Persönlichkeit und sein Glaube,Stuttgart 1955.

Stenzel,J. :Sokrates aus Athen,der Begründer der attischen Philosophie (Nr. 5),in:Pauly-Wissowas Real-Encyklopädie der classischen Altertumswissenschaft,2. Reihe,3. Bd. ,Stuttgart 1927,811—890.

Taylor,A. E. :Socrates,New York 1932.

Vlastos, G. : Socrates. Ironist and Moral Philosopher, Cambridge/ New York u. a. 1991.

C. 论文集

Benson, H. H. (Ed.):Essays on the Philosophy of Socrates,Oxford/ New York 1992.

Gover,B. S. /Stokes,M. C. :Socratic Questions. New Essays on the Philosophy of Socrates and its Significance,London/ New York 1992.

Kelly,E. (Ed.):New Essays on Socrates, Lanham/Washington D. C. 1984.

Krohn,D. u. a. (Hrsg.):Das Sokratische Gespräch,Hamburg 1989.

Patzer,A. (Hrsg.):Der historische Sokrates, Darmstadt 1987 (= Wissenschaftliche Buchgesellschaft;Wege der Forschung Bd. 585).

Prior, W. (Ed.):Socrates. Critical Assessments, 4 vols, London/ New York 1996.

Vander Waerdt, P. (Ed.): The Socratic Movement, Ithaca 1994.

D. 研究专著

Abma, E.: Sokrates in der deutschen Literatur, Nymwegen 1949.

Allen R. E.: Plato's Euthyphro and the Earlier Theory of Forms, New York 1971.

Allen, R. E.: Irony and Rhetoric in Plato's Apology, in: Paideia 5, 1976, 32—42.

Allen, R. E.: Socrates on Legal Obligation, Minneapolis 1980.

Amory, F.: Socrates. The Legend, in: Classicaet Mediaevalia 35, 1984, 19—56.

Anderson, D. E.: Socrates' Concept of Piety, in: Journ. of the hist. of Phil. 5, 1967, 1—13.

Beckman, J.: The religious dimension of Socrates, Thought, Waterloo/Ont. 1979.

Blum A. F.: Socrates. The original and its images, London 1978.

Böhm, B.: Sokrates im 18. Jahrhundert, Neumünster 1966.

Brickhouse, T. C. /Smith, N. D.: Socrates on Trial, Princeton N. J. 1989.

Brickhouse, T. C. /Smith, N. D.: Plato's Socrates, New York 1994.

Burckhardt, J.: Griechische Kulturgeschichte, Gesammelte Werke Band VI—VII, Basel 1956.

Ebert, T. : Sokrates als Pythagoreer und die Anamnesis in Platons « Phaidon », Stuttgart 1994.

Erler, M. : Platon, München 2006.

Figal, G. : Das Untier und die Liebe. Sieben platonische Essays, Stuttgart 1991.

Figal, G. : Platons Destruktion der Ontologie, in : Antike und Abendland XXXIX, 1993, 29—47.

Figal, G. : Die Wahrheit undldie schöne Täuschung. Zum Verhältnis von Dichtung und Philosophie im Platonischen Denken, in : Philosophisches Jahrbuch 107, 2000, 301—315.

Friedländer, P. : Platon, 3 Bd. , Berlin 1964.

Gadamer, H. -G. : Griechische Philosophie Bd. I—III, Gesammelte Werke Bd. 5—7, Tübingen 1985 und 1991.

Grieco, A. : Die ethische Übung. Ethik und Sprachkritik bei Wittgenstein und Sokrates, Berlin 1996.

Gundert, I—I. : Platon und das Daimonion des Sokrates, in : Gymnasium I954, 513—531.

Guthrie, W. K. C : A history of Greek Philosophy. Vol. IV und V, Cambridge u. a. 1975 u. ö.

Hackforth, R. : Socrates, in : Philosophy 1933, 259—272.

Hadot, P. : Philosophie als Lebensform : geistige Ubungen in der Antike. Aus dem Franz. von I. Hadot und C. Marsch, Berlin 1991.

Hansen, M. H. : The trial of Sokrates-from the Athenian point of view, Copenhagen 1995.

Höffe, O. : Politische Gerechtigkeit. Grundlegung einer kritischen Philosophie von Recht und Staat, Frankfurt/M. 1989.

Horster, D. : Das sokratische Gespräch in Theorie und Praxis, Opladen 1994.

Hyland, Drew A. : Oude tis logos, oude tis episteme. The Hermeneutics of Beauty, in: Internationales Jahrbuch für Hermeneutik 4, 2005, 9—26.

Jaeger, W. : Paideia, Nachdruck der 5. Auflage, Berlin/New York 1989.

Kerenyi, K. : Unsterblichkeit und Apoilonreligion, in: Ders. : Apollon und Niobe, München/Wien 1980.

Kraut, R. : Socrates and the State, Princeton N. J. 1984.

Kube, J. : Technê und Aretê. Sophistisches und Platonisches Tugendwissen, Berlin 1969.

Lesky, A. : Geschichte der griechischen Literatur, Bern/München 1971.

Meier, C. : Die Entstehung des Politischen bei den Griechen, Frankfurt/M 1980.

Meier, C. : Die politische Kunst der Tragödie, München 1988.

Meier, C. : Athen. Ein Neubeginn der Weltgeschichte, Berlin 1993.

Mittelstraß, J. : Versuch über den Sokratischen Dialog, in: Ders. :

Wissen als Lebensform, Frankfurt/M 1982, S. 138—161.

Moussé, C. : Der Prozeß des Sokrates. Hintermänner, Motive, Auswirkungen, Freiburg im Breisgau 1999.

Mugerauer, R. : Sokratische Pädagogik, Marburg 1992.

Murphy, J. G. : Socrates) Theory of Legal Fidelity, in: Ders. : Retribution, Justice and Therapy, Dordrecht 1973.

Nelson, L. : Die sokratische Methode (1922), in: Ders. : Gesammelte Schriften in neun Bänden, hrsg. von P. Bernays u. a. , Bd. 1, Hamburg 1970, 269—316.

Nußbaum, M. C. : The fragility of goodness. Luck and ethics in Greek tragedy and philosophy, Cambridge 1986.

Ottmann, H. : Der Tod des Sokrates und seine Bedeutung für die politische Philosophie, in: Anodos. Festschrift für Helmut Kuhn, hrsg. v. R. Hofmann, J. Jantzen und H. Ottmann, Weinheim 1989, 179—191.

Popper, K. R. : Die offene Gesellschaft und ihre Feinde, Bd. I: Der Zauber Platons, Bern 1957; 7. Aufl. mit weitgehenden Verbesserungen und neuen Anhängen, Tübingen 1992.

Quarch, C. : Platons Konzept des « diamythologein ». Philosophie und Mythos in Platons ⟨Phaidon⟩, in: Mythos zwischen Philosophie und Theologie, hrsg. von E. Rudolph, Darmstadt 1994, 113—141.

Robinson, R. : Plato's Earlier Dialectic, Oxford 1953.

Rosen, St. H. : The Question of Being: A Reversal of Heidegger, New Haven 1993.

Ross, W. D. : The Problem of Socrates, in: Classical Association Proceedings 1933, 7—24.

Santas, G. : Socrates' Philosophy in Plato's Early Dialogues, London/Boston/Henley 1979.

Scheibler, I. /Zanker, P. /Vierneisel, K. (Hrsg.): Sokrates in der griechischen Bildkunst, München 1989.

Schleiermacher, F. D. E. : Über den Werth des Sokrates als Philosophen, Berlin 1818.

Snell, B. : Das früheste Zeugnis über Sokrates, in: Philologus 1948, 209—228.

Stone, I. F. : Der Prozeß gegen Sokrates, Darmstadt/Wien 1990.

Strauss, L. : The City and Man, Chicago/London 1978.

Strauss, L. : Studies in Platonic Political Philosophy, with an Introduction by T. L. Pangle, Chicago/London 1983.

Szlezak, T. A. : Platon und die Schriftlichkeit der Philosophie. Interpretationen zu den frühen und mittleren Dialogen, Berlin/New York 1985.

Szlezak, T. A. : Platon lesen, Stuttgart 1993.

Thomsen, D. : ⟨Techne⟩ als Metapher und als Begriff der sittlichen Einsicht. Zum Verhältnis von Vernunft und Natur bei Platon und Aristoteles, Freiburg/München 1990.

Vlastos, G. : Socratic Studies, New York 1994.

Vlastos, G. : Studies in Greek Philosophy: Socrates, Plato and Their

Tradition, Vol II, hrsg. von Graham, D. , Princeton 1995.

Wieland, W. : Platon und die Formen des Wissens, Göttingen 1982.

Zanker, P. : Die Maske des Sokrates. Das Bild des Intellektuellen in der antiken Kunst. München 1995, bes. 38 ff. , 62 ff.

Zehnpfennig, B. : Platon, 2. überarbeitete Auflage, Hamburg 2001.

Zeller, E. : Die Philosophie der Griechen, 2. Teil, I. Abteilung, Sokrates und die Sokratiker; Plato und die alte Akademie. Leipzig 1922 (ND 1963).

Zimmermann, B. : Die griechische Komödie, 2. überarbeitete Auflage, Frankfurt/M. 2006.

"轻与重"文丛（已出）